Viagem terrível

Roberto Arlt

VIAGEM TERRÍVEL

Tradução, apresentação e cronologia
Maria Paula Gurgel Ribeiro

ILUMI//URAS

Título original:
Viaje terrible

Copyright © desta edição e tradução:
Editora Iluminuras Ltda.

Capa:
Fê
sobre *Despedida* (1923), aquarela sobre papel [17 x 21,7 cm], Xul Solar, coleção Manley-Riback (Nova York).

Revisão:
Rose Zuanetti

Filmes de capa:
Fast Film - Editora e Fotolitos

Composição e filmes de miolo:
Iluminuras

ISBN: 85-7321-111-3

Apoio cultural:
dialdata internet systems

1999
EDITORA ILUMINURAS LTDA.
Rua Oscar Freire, 1233 - CEP 01426-001 - São Paulo - SP
Tel.: (011)3068-9433 / Fax: (011)282-5317
E-mail: iluminur@iluminuras.com.br
Site: http://www.iluminuras.com.br

ÍNDICE

APRESENTAÇÃO 9

VIAGEM TERRÍVEL 17

O TRAJE FANTASMA 65

APÊNDICE
SOS! Longitude 145°30', latitude 29°15' 105
Proibido ser adivinho nesse barco 115

CRONOLOGIA 123

APRESENTAÇÃO

A obra de Roberto Arlt inclui romances, contos, crônicas e peças teatrais. Em todas elas encontra-se o mesmo estilo inconfundível: linguagem mordaz, ácida, de uma ironia que beira o humor negro. Seus personagens são seres fracassados, humilhados, angustiados, sempre questionando o sentido da vida e buscando uma felicidade que lhes é constantemente negada. Ao contrário do Borges de Luna de enfrente e Fervor de Buenos Aires, a cidade que Arlt nos mostra não é nada agradável. Seu cenário e habitantes são cafés imundos, cortiços, rufiões, ladrões, prostitutas, pequenos comerciantes.

Filho de imigrantes — seu pai, Karl Arlt, era alemão, de Posen e sua mãe, Katherine Iobstraibitzer, austríaca-italiana, de Trieste —, Roberto Arlt teve uma infância pobre. Além disso, sua relação com o pai autoritário sempre foi muito difícil, o que acabou por se refletir em sua obra onde a figura paterna ou é omitida, ou aparece como uma personagem odiada ou temida: o narrador de Viagem terrível detesta o pai; Erdosain, dos romances Los siete locos e Los anzallamas, lembra os castigos que seu pai lhe aplicava ao dizer: "amanhã vou te pegar"; ou ainda na Aguafuerte "Padres negreros": "É um desses homens que castigam os filhos com uma correia".

Arlt cursou a escola só até o terceiro ano primário; a partir daí se tornou um autodidata e assíduo freqüentador de bibliotecas públicas. O fato de não ter tido uma formação sistemática levou muitos de seus contemporâneos a afirmar que ele não tinha conhecimento literário suficiente e que escrevia mal. No entanto, era um leitor voraz: lia desde folhetins, manuais de invenções, de ocultismo, passando por Cervantes, Proust, Baudelaire, Dostoiévski até Quevedo. E tanto em seus romances como em suas crônicas faz referências a esses autores.

9

Quanto à afirmação de que escrevia mal, por empregar a linguagem coloquial, repetir palavras, utilizar gírias — o lunfardo — e cometer alguns erros ortográficos, por exemplo, o próprio Arlt dizia que o importante para ele eram as idéias e não a gramática. No entanto, o tema de forma alguma o desinteressava; muito pelo contrário. *Há várias* Aguafuertes porteñas *em que trata da questão da linguagem, seja comentando a origem de palavras do uso popular como em* "El origen de algunas palabras de nustro léxico popular" *e* "Divertido orígen de la palabra 'squenun'", *seja rechaçando o "bem escrever"* — "O idioma dos argentinos" — *em que critica aqueles que seguem estritamente as regras gramaticais e acabam escrevendo textos tão chatos que "nem a família os lê".*

Sua escrita é uma mescla da linguagem das ruas com a das leituras de péssimas traduções em edições baratas. Arlt, pode-se dizer, escrevia como lia. O que lhe importava realmente era escrever de maneira direta e livros que contivessem "a violência de um cross na mandíbula" (prólogo a Los lanzallamas*).*

Desde muito cedo, dedicou-se ao jornalismo para ganhar a vida. E jamais largou esse ofício. Seus romances e contos sempre foram escritos em "redações estriptosas", pois segundo ele próprio "quando se tem algo a dizer, escreve-se em qualquer lugar. Sobre uma bobina de papel ou num quarto infernal" (prólogo a Los lanzallamas*).*

Publica seu primeiro romance, El juguete rabioso, *em 1926 e já alcança grande sucesso de público. Ao ingressar no jornal* El Mundo, *em 1928, onde passa a escrever crônicas sobre a cidade de Buenos Aires e seus personagens — as* Aguafuertes porteñas *—, o sucesso é enorme, a ponto do jornal dobrar sua tiragem; muitas vezes alteravam o dia em que a crônica saía, para vender ainda mais exemplares. As pessoas compravam* El Mundo *"para ler Arlt". Reconheciam-se na figura do pequeno comerciante, do desempregado, daqueles que praticam pequenos furtos, da moça que está à caça de um noivo, dos que fazem um casamento por conveniência. O cronista recebia milhares de cartas dos leitores elogiando seus artigos, criticando-os ou sugerindo novos temas. Frequentemente a resposta vinha na própria coluna* Aguafuertes porteñas.

O retrato que Arlt traça das pessoas e das situações por elas vividas é tão preciso, indo tão diretamente no alvo, sem meias palavras, que o texto se mantém perfeitamente atual. Nele não há concessões. É preciso engolir em seco frases assim:

> Por que nascerão garotos que desde os cinco anos demonstram uma pavorosa seriedade de anciãos? E que comparecem às aulas com os cadernos perfeitamente encapados e o livro sem dobras nas páginas.
>
> Poderia garantir, sem exagero, que se quisermos saber qual será o destino de um menino basta checar seu caderno, e isso nos servirá para profetizar seu destino.
>
> *("Os garotos que nasceram velhos")*

Como correspondente do jornal, viaja a vários países — Espanha, Chile, Brasil, Uruguai. Sua coluna traz impressões dessas viagens e passa a se chamar Aguafuertes españolas, Aguafuertes uruguyas, Aguafuertes gallegas...

Em 1929 escreve seu romance mais contundente, Los siete locos; *e sua continuação,* Los lanzallamas, *veio a público em 1931.*

Ao terminar de escrever seu último romance, El amor brujo *(1932), Arlt passou a se dedicar ao teatro, embora continuasse com sua coluna de crônicas (a última foi publicada um dia depois de sua morte, sob o título de* "El paisaje de las nubes"*) e a publicar contos em revistas. Escreveu treze peças[1], a maioria delas encenada no Teatro del Pueblo — um teatro independente —, do escritor Leónidas Barletta.*

Muito se falou sobre sua morte, em julho de 1942: que teria sofrido um ataque cardíaco durante um ensaio; que sofrera tal ataque na estréia de uma peça. Na realidade, de acordo com sua segunda esposa, Elisabeth Shine, em entrevista ao jornal La Nación *(16/5/1999), eles estavam na pensão onde moravam, tomando café da manhã, quando sobreveio o ataque fulminante.*

Por oito anos Roberto Arlt ficou esquecido pela elite cultural

---

1) El humillado (fragmento de *Los siete locos*), 300 millones, El fabricante de fantasmas, Saverio el cruel, La isla desierta, Africa, La fiesta del hierro, Prueba de amor, El desierto entra a la ciudad, La juerga de las polichinelas, Un hombre sensible, Separación feroz, La cabeza separada del tronco.

portenha; os leitores jamais o abandonaram. Somente em 1950, quando Raúl Larra escreveu Roberto Arlt, el torturado, *uma biografia apaixonada, é que se dá início ao resgate da obra arltiana.*

Depois, em 1954, a revista Contorno *dedicou-lhe um número especial; em seguida, Oscar Masotta lançou* Sexo y traición en Roberto Arlt *(1965) e, desde então, Arlt é tema de ensaios, conferências, seminários, teses. Algumas de suas obras chegaram, inclusive, a ser adaptadas para o cinema:* Noite terrível *(1967), baseado no conto de mesmo nome, uma co-produção argentina/ brasileira, realizada por Eduardo Coutinho e Rodolfo Kuhn;* Los siete locos *(1973), dirigida por Leopoldo Torre Nilson;* Saverio el cruel *(1973), dirigida por Ricardo Willicher e* El juguete rabioso *(1984), com direção de José María Paolantonio.*

Ricardo Piglia tem sido um grande divulgador de Roberto Arlt. Escreveu um relato em sua homenagem, Nome falso *e, em* Respiração artificial, *há um longo diálogo num café, em que se discute o estilo de Arlt.*

*Pode-se dizer que a partir de 1996 há, na Argentina, um novo boom em relação à vida e obra deste escritor portenho: há desde ensaios (*Arlt - política y locura, *de Horacio González.* Buenos Aires, Colihue, 1996; Arlt y la critica, 1926-1990, *de Omar Borré.* Buenos Aires, América Libre, 1996)*, passando pela garimpagem e recuperação de textos esquecidos (basicamente as crônicas jornalísticas) até a adaptação para teatro (*Los fracasados del mal, *de Vivi Tellas e* El pecado no se puede nombrar, *setembro de 1998, de Ricardo Bartís, a partir de textos de* Los siete locos *e de* Los lanzallamas).*

OS CONTOS DESTA EDIÇÃO

Uma das últimas obras de Roberto Arlt, Viagem terrível *foi publicada pela primeira vez em* Nuestra novela *em 1941, um ano antes da morte do autor. Curiosamente, este relato é o resultado da reelaboração de dois contos anteriores: "S.O.S.! Longitude 145° 30' Latitude 29°15'", publicado na revista* El Hogar *em 22/1/1937, e "Proibido ser adivinho nesse barco", lançado na revista* Mundo Argentino *em 27/9/1939, e até a presente edição brasileira nunca publicado em livro. Pela primeira vez os três textos aparecem juntos.*

A reescritura de contos era uma prática muito utilizada por Arlt: "El jorobadito", *por exemplo, chamou-se* "El insolente jorobadito" *e também* "La hostiliad"; *"Ester Primavera" apareceu no suplemento literário do jornal* La Nación *e sofreu alterações ao passar para o livro. Ao efetuá-las, o escritor modificava nomes de personagens, introduzia uns e suprimia outros, recortava alguns parágrafos e desenvolvia determinadas tramas que considerava mais interessantes, como o leitor poderá comprovar agora. O curioso é que esta prática quase só ocorre em seus contos; pouquíssimas vezes fez alterações em fragmentos de romances publicados nos jornais, em crônicas ou em peças teatrais. Uma das poucas exceções é* Escenas de un grotesco, *publicado na revista* Gaceta de Buenos Aires *(n. 2, de 4 de agosto de 1934 e reproduzida na revista* Proa *de jul./ago. de 1997, em Buenos Aires) e que é um esboço do que viria a ser, com muitas mudanças, a peça* Saverio el cruel *(1936).*

"O traje do fantasma" *foi publicado pela primeira vez no jornal* La Nación, *em 1930, e depois, juntamente com outros contos, no volume* El jorobadito, *da Editora Anaconda, em 1933. El jorobadito ganhou edição brasileira como* As feras *em 1996 por esta mesma Iluminuras, em tradução de Sérgio Molina. O que diferencia o volume argentino do brasileiro é exatamente a exclusão de* "O traje do fantasma". *Editorialmente, pareceu mais adequado publicá-lo ao lado de* "Viagem terrível", *dada a recorrência de temas.*

Sempre presente na obra de Arlt, podemos encontrar tanto em "Viagem terrível" *como em* "O traje do fantasma" *muitos dados autobiográficos: personagens que são escritores, jornalistas, inventores — ele próprio tinha um laboratório onde realizava experiências e esperava enriquecer com a venda das suas criações (como, por exemplo, a meia feminina indestrutível, de cuja invenção chegou a obter a patente, em 1942. Há, inclusive, um fragmento dessa meia no Museo de la Sociedad de Escritores de Buenos Aires) para assim poder dedicar-se integralmente à literatura.*

Arlt publicou em vida todos seus contos em revistas como El Hogar, Don Goyo *e* Mundo Argentino; *não há, até onde se sabe, textos inéditos.*

ALGUMAS PALAVRAS SOBRE ESTA TRADUÇÃO

Para traduzir estes contos, fiz o cotejo entre distintas edições.
"Viagem terrível" teve como base: Viaje terrible. *Buenos Aires, Tiempo Contemporáneo, 1974 e* Roberto Arlt - Cuentos completos. *Edição organizada por Ricardo Piglia e Omar Borré. Buenos Aires, Seix Barral, 1997. Para "O traje do fantasma", utilizei:* Roberto Arlt - Cuentos completos. *Buenos Aires, Seix Barral, 1997;* El jorobadito. *Buenos Aires, Losada, 1994;* El jorobadito. *Buenos Aires, Altamira, 1995. Esta última foi a que tomei como referência, por estar baseada na edição original, da Editora Anaconda de 1933, única publicada em vida.*

Para "SOS! Longitude 145° 30', latitude 29° 15'" utilizei a versão publicada na revista Hispamerica *(ano XXIII n. 68, 1994) e a que consta do volume* El resorte secreto y otras páginas *(Buenos Aires, Ed.Simurg, 1996).*

No caso de "Proibido ser adivinho nesse barco", a fonte foi o texto original, da revista Mundo Argentino *(27/9/1939), que se encontra na Biblioteca del Museo de la Ciudad, em Buenos Aires.*

Claro que o cotejo entre várias edições sempre fortalece uma tradução; mas no caso da obra de Roberto Arlt isto é imprescindível, já que, devido à fama de que escrevia mal, os editores resolviam "corrigir" seus textos. Às vezes há alteração de palavras, como, por exemplo, utilizar ruído *numa edição e* zumbido *em outra; outras vezes há omissão de uma frase inteira. Por não se tratar de um trabalho acadêmico, julguei mais acertado não acrescentar notas; procurei buscar as melhores soluções para essas diferenças.*

Quanto às palavras estrangeiras, o critério utilizado foi mantê-las em tipo normal, exatamente como Arlt costumava escrever; ou porque fossem de uso corrente na época, ou por uma questão de estilo. Portanto, sempre que aparecem entre aspas ou em itálico é por decisão dele próprio.

Para traduzir um autor que acreditava que "o idioma das nossas ruas, o idioma que você e eu conversamos no café, no escritório, no *nosso trato íntimo, é o verdadeiro"[2], não podemos agarrar-nos às normas gramaticais tidas como "corretas".* As repetições, as cacofonias e as gírias são uma constante; tratei de manter esse tom e um certo estranhamento da linguagem arltiana (afinal, trazer o texto da maneira mais fiel possível não é o próprio ofício do tradutor?), para que o leitor mergulhe de cabeça no mundo deste autor que, morto há 57 anos, continua tremendamente atual.*

Dando continuidade à tradução da obra completa de Roberto Arlt, serão publicados proximamente os romances Los siete locos e Los lanzallamas.

Maria Paula Gurgel Ribeiro
São Paulo, maio de 1999.

---

2) "Cómo quieren que les escriba?", em *Aguafuertes porteñas:* cultura y política. Buenos Aires, Losada, 1994.

VIAGEM TERRÍVEL

*Ao doutor Eladio Di Lala,
nobre amigo de seus doentes.*

I

Certo astrólogo me disse uma vez que o signo zodiacal que regia a casa do meu nascimento indicava, entre outros acidentes, temerários perigos em viagens por mar e eu sorri com doçura porque não acreditava na influência dos astros; de maneira que, ao iniciar minha viagem para o Panamá, nem por um momento me ocorreu que me aguardavam aventuras tão tremendas como as que me permitiriam compaginar a presente crônica que, somada aos informes telegráficos do correspondente do *Times* em Honolulu, constitui uma das mais surpreendentíssimas histórias que a Geologia poderia desejar para completar seus estudos sobre os deslocamentos que se produzem no fundo do oceano Pacífico.

Tive o pressentimento da desgraça às 16 horas do dia 23 de setembro, no momento em que permanecia recostado na rede do primeiro convés do navio *Blue Star*, olhando o cair da tarde sobre o porto de Antofagasta.

As chaminés da cidade fumegavam à beira do deserto, e amareleciam lentamente as fachadas das fábricas. O arco do porto, com suas casas escalonadas nos sopés dos morros, encaixava ruas em ladeiras que pareciam fundir-se na neblina azul que flutuava nas gargantas da cordilheira.

Durante o dia havia soprado um vento forte e o ar estava carregado do avermelhado pó do deserto. Num dos lados do porto, sobre a superfície montanhosa de uma colina, subia uma estrada de ferro; de repente, um comboio de passageiros, as janelinhas chapadas pelo ouro do sol, perdeu-se entre um aglomerado de montanhas e não sei por que meu coração contraiu-se dolorosamente. Se naquele momento tivesse escutado a voz dos meus instintos, teria abandonado o *Blue Star*, mas poderosas razões impediam-me de desembarcar.

Isto fez com que, afastando o pensamento do presságio fugidio, fixasse a atenção nos homens que vagabundeavam pelo porto.

Como sobreviventes de uma catástrofe, passavam cavalgando mulos indígenas achocolatados. Mais maltrapilhos que mendigos, de perto pareciam leprosos; os olhos sem cílios, as pálpebras queimadas, tostadas pelo salitre das nitreiras. Um maneta, com um papagaio montado numa pértiga, cantarolava mostrando o coto enegrecido. Às vezes, entre esta multidão de miseráveis descalços, ressoava a buzina de um automóvel e via-se os maltrapilhos pularem precipitadamente para o lado para evitar que a máquina os esmagasse. O *Blue Star* estava ancorado na frente de uma casa de pedra. Ao pé do muro via-se um fragmento de latão; abaixando os olhos descobriam-se vários botes que iam e vinham em volta do navio, enquanto os braços dos guindastes rangiam depositando no porão do navio as últimas toneladas de salitre que podia estivar.

Eu permanecia recostado na rede, extraordinariamente fatigado, as articulações doloridas, devido talvez à excessiva umidade atmosférica. Além disso, estava resfriado desde que embarcara em Puerto Caldera, onde minha família, um pouco violentamente, recomendou que não me deixasse ver pela localidade durante muito tempo. A lembrança das últimas fraudes divertidas que cometera, somada à fraqueza, fazia com que o que me rodeava adquirisse na minha sensibilidade uma espécie de vidrada alucinação. Às vezes, imaginava os meus companheiros de viagem dançando nos cabarés de Atacama, depois entrecerrava os olhos e abandonava-me, embalado pelo ronco surdo dos guindastes. A última vez que abri os olhos observei algumas pombas que revoavam em volta da torre da igreja, que sobressaía na ladeira das casas de pedra. Pelo porto continuava o desfile de indígenas montados em mulos; entre as manchas verdes de um bosquezinho se estendia uma muralha perfurada por numerosas aberturas. Devia ser um edifício público. Mais adiante, uma bandeira inglesa flamejava sobre o chamado "castelo de Ab-el-Kader", cuja torre redonda recortava-se no ar avermelhado como o avançado de uma cidadela antiga.

Nesse instante a voz do meu primo Luciano explodiu nas minhas costas.

— Tenho que te dar uma notícia.

Levantei os olhos. Luciano fez o gesto que lhe era habitual, pois havia se especializado em comunicar más notícias aos seus semelhantes e, inclinando sua cara amarelada e angulosa até a minha, repetiu:

— Juro que é tremenda. Se pudesse devolver a passagem, entregava-a agora mesmo.

— Que diabos está acontecendo?

— No Sereia de Sal (o mais importante cabaré de Antofagasta) me informaram que o barco não só trocou de dono, o que não teria importância, mas que também trocaram seu nome. Inicialmente se chamou *Don Pedro II* e não *Blue Star*. E você sabe, barco que troca de nome está condenado à desgraça.

Naquele mesmo momento, Luciano percebeu que Mariana Lacassa escutava suas palavras e levantou expressamente a voz para fazê-la interessar-se por sua "notícia". Mariana Lacassa era uma jovem que naquela viagem circular tinha, de certa maneira, se enredado com Ab-el-Korda, filho de um remoto emir árabe. Luciano estava ligeiramente apaixonado por miss Mariana, de modo que, para envolvê-la na conversa, perguntou-lhe:

— Senhorita Mariana, a senhora não sabia da troca de nome do barco?

— Não.

Ela sentou-se ao meu lado, e em seguida:

— Por acaso a troca tem importância?

Luciano prosseguiu:

— Está mais do que provado que barco que troca de nome concita contra si a cólera de todas as forças plutônicas. Em síntese, que estamos fritos.

Fazia alguns minutos que o senhor Gastido estava parado atrás de miss Mariana. O senhor Gastido era um milionário peruano que viajava com sua esposa e três irmãs de sua mulher, o que motivava os comentários de todos os maledicentes. Atraído pelo perfume de carne de miss Mariana, tratou arrogantemente de esclarecer a questão:

— O que é que o senhor entende, senhor Camblor, por estamos fritos?

Luciano detestava Gastido. Em vez de manter-se calminho, respondeu com certo nervosismo:

— O que entendo por estamos fritos? O que é que eu entendo? Pois entendo, senhor Gastido, que o senhor, eu e todos os passageiros deste navio seremos vítimas de terríveis acontecimentos durante esta viagem.

O peruano sentiu-se desdenhoso diante do destino, por duas razões: tinha dinheiro e sabia lutar boxe. Replicou, um tanto mordaz e um tanto cético:

21

— Então por que embarcou neste navio, cavalheiro?

Luciano, irritado com o ressoar debochado que tilintava neste equivocado termo "cavalheiro", replicou hostil:

— Não costumo discutir meus pressentimentos.

Disse isso e, dando as costas ao peruano, começou, ostensivamente, a encher o seu cachimbo.

A situação tornou-se desagradável. Miss Mariana cantarolava uma musiquinha insolente; o senhor Gastido olhava para mim e para meu primo como se tivesse a intenção de nos arrebentar, mas sua esposa e as três irmãs de sua esposa o chamaram, e os cinco, dignamente, afastaram-se. Luciano, soltando uma baforada de fumaça no ar continuou, no mesmo momento em que o árabe sentava-se cortesmente perto de miss Mariana, a quem aspirava integrar ao seu harém:

— Além disso, descobri a bordo outra particularidade impressionante.

— Diga, diga, Luciano. Estamos escutando.

— São muitas as coisas estranhas que acontecem neste barco. Primeiro, como lhes disse, a troca de nome, depois o caso da tripulação.

— O que acontece com a tripulação?

— Como, não sabem?

— Não.

— Pois bem: a tripulação deste navio está composta por um bando de facínoras.

— O quê?

— O que vocês estão ouvindo. Ei, você — exclamou dirigindo-se a um garçom que passava —, o que você fazia antes de embarcar?

— Era sapateiro.

— Nunca havia navegado?

— Não, senhor.

O garçom afastou-se e Luciano, vítima de um ataque de desesperado pessimismo, prosseguiu:

— Vocês estão vendo? Qualquer dia em que o mar esteja um pouco mais agitado, este foragido vomita em cima da gente.

Duas senhoras, anciãs, a quem o léxico do meu primo horrorizou, afastaram-se. Luciano, dirigindo-se à miss Mariana, ao árabe e a mim, prosseguiu:

— Nunca encontrei uma tripulação com passado mais impressionante.

Miss Mariana sorriu.

— Não ria, miss Mariana. A senhora vai ver. O nosso camareiro era anteriormente agulheiro na estrada de ferro para Santiago, mas como provocou o choque de dois trens de carga, por embriagar-se, foi expulso da companhia; o maître foi escolhido para esse cargo porque suspeita-se que é um salteador regenerado e só um salteador poderia fazer-se respeitar por semelhantes autodidatas...

— A troco do quê escolheram tais pessoas? — perguntou a senhora Miriam, esposa do pastor protestante que ia exonerado a Quito, e que havia se aproximado silenciosamente do nosso grupo.

— No Sereia de Sal me informaram que a empresa está a ponto de quebrar e em conflito com as associações de trabalhadores portuários. Os proprietários do *Blue Star* estão tão mal de recursos que, sem confirmação... naturalmente sem confirmação..., me disseram que a instalação de telegrafia sem fios está tão avariada que não funciona.

— Como o senhor teve coragem de embarcar em semelhante navio?

Luciano e eu suspiramos ao mesmo tempo, sem nos atrevermos a responder que havíamos embarcado porque deram as passagens para nós e, além disso, que a mim, não a meu primo, somente a mim, havia me acompanhado a uma distância prudente uma escolta do chefe de polícia. Mas esta é outra história...

Tal foi a conversa com que se iniciou a viagem que, algumas semanas depois, Coun, correspondente do *Times* em Honolulu, classificava na melhor acepção da palavra como a "Travessia do Terror".

II

Acabo de examinar algumas fotografias relacionadas com os acontecimentos nos quais nós, passageiros do *Blue Star* e os de outros três navios, participamos e que, em poucas horas, embranqueceu o cabelo de mais de um homem intrépido. Também tenho em mãos fotografias de multidões detidas diante de painéis com as manchetes dos jornais, informando cobiçosamente sobre as notícias telegráficas, relacionadas com nossa agonia.

Que vinte e quatro horas de horror vivemos! E o Pacífico, sereno nas costas da América, sem levantar suspeitas sobre a existência de um megasismo que o agitava numa superfície de trezentas milhas, enquanto o sol luzia no espaço como se quisesse multiplicar a ânsia de viver que nós experimentávamos, os condenados à morte! Ainda me lembro! O horizonte permanecia sem nenhuma nuvem, enquanto os navios *Pájaro Verde*, *Red Horse*, *Maria Eugenia* e *Blue Star* deslizavam em espiral até um eixo de catástrofe desconhecida que bruscamente abriu seu funil devorador na prateada superfície do oceano.

Os curiosos, detidos diante dos painéis dos jornais, acabavam por compreender, estudando a espiral desenhada num plano horizontal, qual era a natureza dessa força oceânica que, profundamente agitada, arrastava-nos para o seu centro como a leves fiapos. E era terrível contemplar essas naves, perdidas sob o céu resplandecente, as máquinas em perfeito estado de funcionamento, os cascos sem uma rachadura, as tripulações e os passageiros atemorizados na borda, agarrando-se nos braços dos oficiais taciturnos, alguns dos quais acabaram estourando os miolos. Sim, digo que era terrível!

A única explicação do acontecimento, ou melhor, a primeira explicação do acontecimento, foi proporcionada por Coun, correspondente do *Times* em Honolulu, citando a frase que French havia enfiado na sua Geologia e que expõe mais ou menos a teoria do "megasismo", dizendo:

"As grandes diferenças de nível entre as costas chilenas e

japonesas do Pacífico transformam estas em lugares predestinados a uma grande sismicidade, e a teoria mais verossímel é a que supõe que o fundo do oceano Pacífico está perturbado por vastos deslocamentos".

Mas deixemos Coun e seus comunicados, pois já voltaremos a eles nas próximas páginas da minha crônica, e permitam-me informar-lhes por que razão encontrava-me a bordo do *Blue Star*.

Serei sincero, totalmente sincero.

Devido a uma série de fraudes com cheques sem fundo que havia cometido em prejuízo de importantes comerciantes do sul do Chile, meu pai, utilizando certas influências das quais me está vedado falar, conseguiu que o governo me enviasse junto com a "Comissão Simpson". A Comissão Simpson, composta por vários engenheiros, oceanógrafos e geólogos, devia examinar a eficiência de uma nova patente acústica, confeccionada para sondar as grandes profundidades do Pacífico. Minha obrigação consistia em trasladar-me até o Panamá; no Panamá embarcaria com alguns membros da Comissão para Honolulu onde faria a baldeação para o navio sonda do governo americano, "H-23", na categoria de agregado honorário.

Honestamente, não posso jurar que o aparelho acústico e as profundidades oceânicas me interessassem violentamente, mas as perspectivas de aventuras e desembarques em praias indígenas, as dívidas, a atenção quase sombria que o nosso inspetor de polícia me dedicava e a cara fechada que os meus parentes faziam ao ver-me aproximar das suas mesas determinaram-me a aceitar o convite do governo que, em vez de enviar-me para a prisão, como o solicitavam meus méritos, nomeou-me adjunto honorário à "Comissão Simpson de Sondagens Submarinas". Como disse anteriormente, eu devia reunir-me com esta Comissão em Honolulu, e, não sei por que, tenho a impressão de que os meus parentes tiveram a secreta esperança de livrar-se de mim mediante o auxílio dos antropófagos que eles ainda supõem que existam nas ilhotas dos mares do Sul. Pessoalmente, considero responsável por esta gestão meu primo em segundo grau, Gustavo Leoni, leitor assíduo de Emilio Salgari.

No dia 12 de setembro embarquei em Puerto Caldera com meu primo, mas imediatamente caí de cama acometido por uma gripe. O *Blue Star* parava em quase todos os portos da costa até chegar em Antofagasta, onde completou sua carga com salitre.

O grupo de passageiros do *Blue Star* era composto por várias famílias inglesas, o senhor Gastido e suas cunhadas, miss Mariana, um autêntico árabe com chilaba, pantufas e fez. Que Deus amaldiçoe o árabe! Se o meu primo acreditava que o que atraiu a desgraça para o barco foi a troca de nome, Luciano estava equivocado. O que atraiu a desgraça sobre o barco foi o sinistro Ab-el-Korda, que todas as tardes, ao pôr-do-sol, ajoelhava-se em direção a Meca e fazia suas orações com os olhos amendoados reluzentes. Como distinguia-se pelo perfil de cera dourada e uma barba de bode, e como além disso saudava cortesmente as damas tocando a testa, os lábios e o coração com os dedos da mão direita, apareceu imediatamente como um perigosíssimo adversário em lances de amor. Este patife, filho primogênito de um emir de Damasco, primeiro dirigiu sua atenção à miss Mariana, que o evitava secretamente atemorizada de que pudesse incorporá-la ao seu harém; mas o árabe, ao ver-se desprezado pela jovem que desde que cumprira trinta anos tornara-se uma resoluta partidária dos homens do mar nas lides amorosas, dedicou-se a uma velha escocesa cujo rosto parecia uma peneira de sardas e que transportava uma *Bíblia* descomunal de uma rede a outra. Com vinte e quatro horas de navegação, a velha escocesa estava decidida a converter o árabe ao anglicanismo. Outro personagem insigne, que também viajava involuntariamente, era o conde Demetrio de la Espina y Marquesi, cavaleiro de Malta e insigníssimo ladrão internacional, cuja expulsão foi decretada pelo nosso governo. Demetrio de la Espina y Marquesi era um nobre autêntico e um donoso cavalheiro; os que o conheciam estavam encantados por desfrutar da sua companhia, e como ele era homem prudente, para colocar-se a salvo de qualquer suspeita de furto, entregou a chave do seu camarote ao Capitão, de maneira que este, sem aviso prévio, pudesse revistá-lo se chegasse a sumir alguma coisa dos passageiros. Mais adiante comprovaremos que tal precaução foi muito atinada. Ao mesmo tempo, como um homem honrado, compartilhava o trato com a dama escocesa, que também propusera-se a levá-lo para o bom caminho pela "via dos rufiões e boiadeiros", como algumas pessoas chamam o *Livro dos profetas*.

Permiti-me desviar a atenção de vocês nomeando esses personagens curiosos, entre os quais não incluí o reverendo Rosemberg e sua esposa, pastor metodista, para que vocês entendam como a nossa tripulação era estranha, dada a diversidade de pessoas, psicologias, temperamentos e costumes, mas jamais supus que a viagem, que verdadeiramente prometia ser singular, se transformasse no que acertadamente se denominou mais tarde, a "Travessia do Terror".

Esta travessia teve um prólogo quase regozijante duas horas depois que o *Blue Star* soltou as amarras. Ainda estávamos à vista da costa. O chifre da lua luzia num espaço repleto de estrelas gordas como nozes e eu já tinha esquecido as previsões do meu primo, que bebia um uísque na companhia do pastor Rosemberg. À natural melancolia que me angustiava durante o crepúsculo, seguia-se certa jovial equanimidade. Pensava em como a vida é doce no convés de uma nave. Ainda que ignorássemos o motivo, os dias de viagem pareciam dias festivos, revestindo os astros, a lua e os planetas com uma luz diferente daquelas que cintilam quando os vemos da vaporosa superfície da terra. Fazia estas suaves considerações, enquanto o pastor explicava ao meu primo em quê consistia a superioridade dos saxões sobre os latinos, quando, de repente, o reverendo, como se se encontrasse no caminho para Damasco e lhe aparecesse a figura de Jesus Cristo, ficou de pé, esticou o braço e em seguida caiu atônito sobre sua rede. Olhamos na direção em que o seu dedo apontou e soltamos um grito.

Um turbilhão de faíscas e de fumaça escapava do seu camarote.

— Fogo, fogo —, gritaram todos, empurrando-se em busca do camarote do Capitão.

Aos gritos dos meus companheiros, a corja de aventureiros que estava retirando os talheres no refeitório saiu para o corredor, as duas anciãs que durante a tarde afastaram-se do meu primo indignadas, rechaçadas por suas pitorescas expressões, optaram por desmaiar; o reverendo pastor, que por um instante apareceu submerso no mais total dos colapsos, bruscamente ergueu a sacerdotal figura, sacou um revólver (para quê o pastor levaria um revólver?) e começou a disparar tiros na direção do oceano. Estou em condições de fornecer esses dados porque fui o único que não saiu correndo à procura do Capitão; primeiro, porque os outros já estavam a caminho; segundo, porque aprendi que sempre que acontece um tumulto por causa de um perigo o mais prático é manter-se afastado.

Lembro, isso sim, que observei o árabe funesto: puxando a barba, atirou-se de joelhos sobre o convés, em direção à Meca, ao mesmo tempo em que resmungava suas orações islâmicas. Enquanto Ab-el-Korda invocava o auxílio do Profeta sobre a nave, miss Mariana acabou por desvencilhar-se do camarote do radiotelegrafista que, ruborizado como o próprio incêndio, tratava de remediar a desordem de sua casaca. Quando o radiotelegrafista percebeu o rolo de fogo que brotava do camarote, proferindo uma blasfêmia, saiu à procura dos tripulantes, pois ninguém fazia nada para apagar o fogo. Finalmente um grumete, acho que o único e autêntico homem do mar a bordo, pegou uma mangueira, fez girar a chave do depósito e começou a inundar o camarote do reverendo.

Quando o Capitão e seus ajudantes fizeram-se presentes, o incêndio estava apagado. Mas o Capitão chegou a tempo de escutar o agoureiro do meu primo, que num círculo de pessoas pontificava:

— Viram? É isso que acontece quando se troca o nome de um navio! E o que aconteceu não é nada comparado com o que vai ocorrer.

— O senhor deixe de alarmar os passageiros ou o tranco num calabouço — rugiu o Capitão, enquanto com um gancho remexia os pacotes meio queimados, que era tudo o que restava da bagagem do pastor. E como Luciano compreendeu que o Capitão era um brutamontes capaz de colocar em prática sua ameaça, não disse mais uma palvra. A partir daquele momento foi visto pelo *Blue Star* com o aspecto de um homem cuja dignidade menosprezada não permite que exteriorize suas apreensões, e se alguém, clandestinamente, queria arrancar-lhe confidências, ele respondia, muito enfático:

— Proibido ser adivinho a bordo.

Tal foi o acidente que "amenizou" a primeira noite de viagem, depois que saímos do porto de Antofagasta. Nas quarenta e oito horas que se seguiram não aconteceu nada digno de nota. O navio, navegando lentamente, seguia paralelo à costa do Norte.

Ao iniciar-se a terceira noite do nosso cruzeiro, descobri um pequeno segredo. O médico de bordo, que estava proibido de exercer sua profissão em terra firme devido a sua excessiva propensão à ginecologia ilegal, assim que os passageiros iam para a cama, reunia-se com o senhor X (nunca pude lembrar o nome do senhor X, que se suicidou no dia do grande terror), adido comercial da embaixada do Japão, o pintor mexicano Tubito e outro senhor o qual tenho certeza de que preenchia o vazio do seu ócio contrabandeando cocaína. Estes cavalheiros, em perfeita ordem, introduziam-se no consultório do médico, retiravam do armário de primeiros socorros frascos rotulados com caveiras ou inscrições que rezavam "Uso Externo" e, abrindo-os, bebiam o rum que continham. Ao amanhecer, confundiam alegremente suas respectivas camas. Uma noite o médico parteiro embriagou-se tão desbragadamente que a todo custo quis introduzir-se no camarote do pastor. Alegava que a esposa do reverendo estava para dar à luz. Armado de um pavoroso fórceps, pretendia cumprir seu extemporâneo despropósito. Finalmente, rolou pelo chão e eu prometi aos seus companheiros manter segredo sobre o incidente porque planejava usufruir o nobre néctar que continham os frascos de "Veneno" ou de "Uso Externo". No entanto, rapidamente perdi o interesse pelo quadriunvirato alcoólico porque dediquei meu tempo a cortejar Annie Grin, que ocupava com sua mãe um dos camarotes do convés superior.

Annie! Jamais conheci criatura mais voluptuosa, apesar da química industrial, que esta garota. Annie era engenheiro-químico. Eu me sentia arrebatado por um turbilhão de sabedoria se aproximava a cabeça do poço dos seus conhecimentos. Quando, apesar da química, passava seu braço fresco pelo meu pescoço, eu entrava no êxtase que deve gozar um sapo na presença da rosa. Às vezes, com os cotovelos na borda, esquecíamos o caminhar do tempo. A água desfiava-se em coágulos de espuma contra o alcatroado casco da nave. Um vento que vinha da Índia, cruzando toda a extensão do oceano Pacífico, aderia o vestido nas suas formas e as moldava. Então o céu abria-me suas portas e eu, como um espírito bêbado de luz, acreditava que estava passeando por um bosque embelezado por vastas árvores de emoção.

Ao deter-me diante do espelho do armário do meu camarote, minha cara aparecia tatuada de marcas vermelhas. Era o rastro pintado dos seus beijos.

No entanto, estava preocupado. Uma das minhas obsessões consistia em sopesar as probabilidades que tinha de desistir da minha absurda viagem como membro honorário da Comissão Simpson de Sondagens. Que me importavam as profundidades do solo marinho no oceano Pacífico! O que desejava era seguir com Annie até Xangai.

Delirando dessa maneira, costumava encontrar-me acordado à

luz do novo dia. Então, cobrindo a cabeça com um travesseiro, tratava de dormir.

Talvez estivesse desesperado. Uma engrenagem invisível tinha enganchado minha vontade entre seus dentes. Eu me sentia triturado por toda a potência planetária da Fatalidade. Com que dinheiro ia viver em Xangai? Por acaso eu não estava completamente duro? Um destino negro havia me amarrado a seu carro, um destino cujo aspecto definitivo ainda não conhecia, mas que me mantinha apertado aos seus desígnios com seu poderoso punho.

A cada hora que passava sentia um rancor profundo contra meus parentes; contra meu pai, que me entregou como um dos seus rotos escravos à execução de um trabalho absurdo que não podia ser-me de modo algum proveitoso. Se eu era um velhaco, eles não eram melhores. Meu próprio pai por acaso não era um audaz afortunado que...?

Viremos a página...

III

Annie, ao contrário, abria-me as portas de outro mundo mais adiante, no Oeste.

Eu desconhecia o idioma daquele mundo amarelo e curvado, mas isto não era o grave, o grave consistia em que eu carecia de uma profissão, o que me colocava em inferioridade de condições em relação a Annie. Esta incapacidade podia transformar-se no centro de nossa futura infelicidade.

Disse anteriormente que Annie era engenheiro-químico e esta referência pode carecer de importância quando os informados carecem de conhecimentos científicos que lhes permitam apreciar quanto trabalho e estudo se requer para obter este título. Annie era um sábio ou pouco menos que uma sábia. Sua especialidade eram os colóides e, dentro dos colóides, a goma, isto é, a borracha, ou melhor dizendo, o látex. Ao que parece, Annie tinha descoberto um procedimento para evitar que a desidratação do látex provocasse sua coagulação, o que lhe permitiria causar nada menos que uma revolução na indústria dos tecidos emborrachados, ou melhor dizendo, no meu entender, na indústria dos impermeáveis.

Annie falava-me constantemente da revolução ou da ruína que acarretaria aos fabricantes de impermeáveis assim que seu invento começasse a funcionar. Eu não entendia uma palavra de química, mas no entanto não era suficientemente bruto para depreciar as confidências de Annie.

Seu projeto, ou melhor dizendo, seus olhares acerca da minha pessoa eram amplos. Ela tinha o projeto de me transformar em seu *manager*; eu seria o encarregado de colocar o revólver no peito de todos os fabricantes de impermeáveis. Adquiriam a patente de Annie ou Annie arrebentava-os.

Mas se o método químico de Annie não desse resultados, o que eu faria? Annie dava como certo que todos os fabricantes de impermeáveis apressariam-se em adquirir os direitos de sua invenção, mas eu duvidava e chegava, em última instância, à conclusão de que um dia encontraria-me casado com uma engenheiro-químico e em terríveis condições de inferioridade.

Não é segredo para ninguém que todo profissional apaixonado deseja ter alguém com quem trocar impressões acerca das experiências que coleta na sua profissão. E se Annie se casasse comigo não poderia conversar sobre goma, nem sobre química, nem sobre colóides; em primeiro lugar, porque eu não sabia absolutamente nada de química e, em segundo lugar, porque a química não me interessava. E o que eu poderia responder a Annie no dia em que me dissesse que chegava tarde em casa porque ficara conversando de especialidades na matéria com um colega amigo? ·

E se Annie ficava conversando com um especialista na matéria, quem podia impedir que Annie se apaixonasse por ele? Isto não era garantido, mas por acaso não há uma lei que diz que os iguais se procuram?

Acabava de alinhavar silenciosamente tais reflexões na quinta manhã da nossa viagem enquanto fazia parte da roda de passageiros composta pela senhora do pastor Rosemberg e meu primo. Luciano tratava de consolar a senhora do pastor da perda que sofrera no incêndio (três pijamas, uma saída de banho, várias camisetas e fotografias da localidade abandonada), quando a senhorita Herder, uma feminista sueca que ocupava um camarote junto aos da família do cavaleiro peruano, hasteando seus magros e sardentos braços, apareceu correndo ao mesmo tempo que gritava:

— Roubaram minha bagagem. Roubaram minha bagagem.

Uma bagagem não é um lenço que se escamoteia assim, de chofre. Involuntariamente dirigimos os olhos ao conde de la Espina y Marquesi que conversava sorridentemente com miss Mariana. O cavaleiro de Malta, como se não percebesse a intenção dos nossos olhares, continuou conversando com a coquete, enquanto meu primo exclamou:

— Senhoras... senhores... está proibido ser adivinho neste navio!

Semelhante rompante era uma séria advertência. Conseqüentemente, resolvemos ir protestar em massa perante o Capitão por causa da falta de vigilância e ordem que isso supunha. O Capitão, apesar de ser um perfeito brutamontes, como acredito já ter deixado claro, escutou os nossos protestos com um ar sombrio. Ele também estava impressionado com a coincidência (chamemos coincidência) da troca de nome do navio com uma série de acontecimentos cada vez mais graves, como se efetivamente se desenvolvessem sob os auspícios dessa superstição. Murmurou algo que não entendemos e, em seguida, com passos enérgicos, dirigiu-se ao camarote de miss Herder. O conde de la Espina y Marquesi, claro, não saiu do lugar em que conversava com miss Mariana.

No camarote de miss Herder revelava-se a ordem do vazio. Faltavam duas malas de couro, razoavelmente pesadas, e uma valise de mão. Na valise de mão Miss Herder guardava os originais de um romance. Eu conhecia dois capítulos, e, quando me inteirei do sumiço da valise, pensei que os deuses protetores do Bom Senso tratavam de impedir que miss Herder tentasse estupidificar seus semelhantes, revelando-lhes as bobagens que brotavam da sua cachola. Bom, o caso é que, tirando o romance, miss Herder ficava só com a roupa do corpo. Isso não podia ficar assim.

O Capitão dispôs que os tripulantes, inclusive o radiotelegrafista, cada um encabeçando uma comissão de vários homens, revistassem o navio inteiramente. A vistoria começou às dez da manhã. Todos os passageiros ficamos preventivamente confinados no refeitório.

Lembro que meu primo aproximou-se de um vaso e significativamente tirou dali uma margarida de papel. Em seguida, começou a arrancar-lhe pétala por pétala; fazia-o lentamente e terminou exclamando:

— Não me quer.

Com isso queria expressar que o Capitão não encontraria as malas de miss Herder, e esta conclusão era tão arriscada que o cavaleiro peruano, dirigindo-se ao meu primo, disse-lhe:

— Aposto com o senhor cem sóis como as malas de miss Herder vão aparecer.

Luciano ergueu-se dignamente e retrucou:

— Não jogarei um só centavo com o senhor, mas dou ao senhor minha palavra de honra de que as malas de miss Herder estão perdidas.

Evidentemente, Luciano era audaz. Depois de escutá-lo, miss Herder pôs-se a chorar desconsoladamente, mas o pastor protestante, aproximando-se dela, disse-lhe que não ligasse para as predições do meu primo. O conde de la Espina y Marquesi acrescentou que as predições efetuadas à base de arrancar de pétalas de margaridas são unicamente válidas em casos amorosos, mas não nos de perda de malas. Esta engenhosa sutileza do conde encontrou um amplo círculo de partidários e Luciano, escondendo-se num sorriso pedantesco, disse textualmente:

— Declino de me pronunciar sobre a interpretação do conde, mas sustento novamente que as malas não aparecerão.

Evidentemente, a atitude de Luciano era estúpida. Aproximei-me dele e disse-lhe:

— Que diabos você ganha em se indispor com esta gente? Todos desejam que alguém te pegue pelos pés e te jogue na água. Cala boca!

A senhora do pastor disse, enquanto seu marido submergia na leitura da *Vida de São Paulo*, que ela sabia tirar as cartas e que só por brincadeira as tiraria para checar se as malas de miss Herder apareceriam ou não, e assim fez.

Por meio do baralho, a mulher do pastor chegou à conclusão de que as malas seriam achadas dentro do camarote de um homem loiro, e todos acolheram essas antecipações otimistas com sorrisos e Luciano, como resposta, limitou-se a encolher os ombros.

Às cinco da tarde, para particular satisfação do meu primo, apareceu o Capitão, a cara de buldogue avermelhada até as orelhas.

As malas não puderam ser recuperadas! "Ele, pessoalmente, encarregou-se de revistar os ventiladores e as carvoeiras. Não sabia o que dizer".

As malas de miss Herder, evaporadas tão absolutamente, inspiraram o conde de la Espina y Marquesi que, colocando-se de pé e olhando para miss Herder, disse:

— "Mia cara signorina" (o conde gostava de misturar palavras italianas com as castelhanas). "Mia cara signorina", será que você não padece de acessos de sonambulismo e num desses ataques teria jogado as malas ao mar?

Miss Herder negou terminantemente padecer de sonambulismo. Por fim, as mulheres a bordo resolveram fazer uma coleta de roupas até que chegassem a um porto onde a Companhia de Navegação (segundo o Capitão) indenizaria miss Herder pela perda dos seus bens.

Houve um momento em que miss Herder pareceu disposta a suicidar-se, mas o filho do emir de Damasco dedicou-se a consolá-la em nome da coletividade mulçumana com tanta veemência, que miss Herder optou por não se suicidar e sim se render ao encanto magnético que transcendia dos olhos mouriscos do grande garboso. Bruscamente, miss Herder lançou um grito de alegria: "Lembrava agora ter deixado uma cópia do seu romance na casa de uma prima que morava em Puerto Caldera".

É escusado dizer que o meu primo delirava de alegria. Num acesso de vastas intuições no mundo dos espíritos, exclamou:

— Isto não é nada comparado com o que vai acontecer!

A esposa do reverendo Rosemberg retrucou:

— Você acredita mesmo que vai acontecer mais alguma coisa?

— Sim.

A pobre mulher deixou cair a cabeça sobre o ombro de seu esposo; o reverendo examinou meu primo com uma curiosidade suspeita; o conde de la Espina inclinou-se confidencial sobre o ouvido de miss Mariana; Annie sussurrou na minha orelha: "Seu primo é um personagem terrível", e naquele mesmo momento, o heróico grumete, que tão destemidamente lutara com as cortinas incendiadas do camarote do reverendo, aproximou-se de nós anunciando que "o Capitão queria falar com o senhor Luciano".

Depois Luciano contou-nos que o Capitão pediu-lhe encarecidamente que não alarmasse a tripulação com seus prognósticos. A verdade é que o Capitão (e isso depois o Capitão disse para nós) ordenou a Luciano que deixasse de profetizar, e energicamente, sob a expressa e formal ameaça de trancá-lo num calabouço se voltasse a abrir a boca para vaticinar desgraças. Mas já era tarde. Os augúrios do meu primo haviam dado vida a um secreto temor que despertava no subconsciente de todos os tripulantes. Até o último dos carvoeiros tinha conhecimento de que existia a bordo um passageiro com uma impressionante habilidade para farejar desgraças. As senhoras sentiam-se tão atemorizadas que, reunindo-se num canto do refeitório, observavam meu primo, assustadas. Outras, rezando novenas, desejavam-lhe um péssimo fim. Em geral, todos sentiam antipatia por Luciano à medida que iam sobreexcitando-se. Várias damas chegaram a sentir-se doentes; algumas não se atreviam a abandonar o beliche, como a mãe de Annie, quem, com grande alegria de minha parte, driblando a vigilância maternal, vinha conversar no meu camarote.

Outras pessoas, em compensação, reagiam tão nervosamente que, só porque um garçom (o sapateiro redimido do tirapé) deixou cair uma bandeja no refeitório, a terceira irmã da mulher do cavaleiro peruano começou a gritar histericamente. Foi preciso retirá-la do refeitório vítima de um ataque de nervos. Esta senhorita era uma dama entrada em anos, com penteado simples e aparência severa, alinhavada com alfinetes dos pés à cabeça. Dizia sobre si mesma que era incrivelmente virtuosa. Inutilmente crivava de olhares o filho do emir de Damasco, mas o excelente muçulmano, esquecido por completo de miss Mariana, por quem se interessara no começo da viagem, dedicava-se empenhadamente à miss Herder, cujas defesas eram mais fracas à medida que se passavam os dias. O ginecologista de bordo passeava com ar malicioso, augurando que miss Herder nesta viagem perderia não só suas malas, mas também a tranqüilidade.

Na realidade, aquela foi a viagem dos compromissos, pois miss Mariana parecia agora estar disposta a decifrar todos os mistérios do alfabeto Morse passando os dias em que o radiotelegrafista estava livre no camarote deste. Em vista de semelhante perda, o conde de la Espina y Marquesi associou-se ao contrabandista de cocaína e na sala de primeiros socorros ele, don Tubito, o médico e o senhor X entregavam-se a desenfreadas partidas de cartas, depenando-se reciprocamente como jogadores profissionais. O Capitão passava os dias sombrio, trancado na timoneira, e por intermédio de miss Mariana soube que o aparelho de telegrafia sem fios ainda não estava funcionando. Nossa situação, evidentemente, era anti-regulamentar e estranha, já que nos encontrávamos extremamente distantes da costa. O Peru ficava à Leste; navegávamos agora sobre os abismos mais profundos que os oceanógrafos acreditam ter sondado no oceano Pacífico.

Muitos começavam a se sentir deprimidos. Alguns acreditavam sentir uma ameaça de morte suspensa sobre suas cabeças. Parecia que uma divindade superior tratava de, dissimuladamente, dar razão a meu primo.

Annie já não trazia os seus livros de química ao camarote. Seus braços, enlaçando-se atrás da minha nuca atavam-me à sua vida com um nó imortal. Quando seus lábios entreabriam-se para aderir-se aos meus num beijo semelhante ao de uma ventosa, o *Blue Star* poderia ter ido ao fundo dos abismos. Não teríamos percebido.

No entanto, uma noite em que eu passeava pelo primeiro convés, aguardando a hora de reunir-me com miss Annie, ocorreu-me um fato extremamente estranho. O médico de bordo aproximou-se de mim cautelosamente e me disse:

— O senhor não vai me levar a mal se eu lhe perguntar se está muito apaixonado por miss Annie?

Se esta pergunta tivesse partido de outra pessoa teria me chateado; do médico beberrão, achei engraçada semelhante curiosidade e não me incomodei em responder-lhe:

— Sim. Estou apaixonado. Por quê?

— Se eu lhe fizesse uma confissão a respeito de miss Annie o senhor me delataria?

Essa impertinente curiosidade que é a eterna inimiga do apaixonado desorientou-me. Sem conseguir reprimir-me, respondi-lhe com avidez:

— Conte com minha discrição.

— O senhor me dá sua palavra?

— Sim.

— Pois tome cuidado com o que faz, porque miss Annie está louca.

Fiquei olhando para ele, atônito.

— Louca!

— É. Ela acredita que é engenheiro-químico e que inventou não sei que disparates...

— Não é possível.

— Pois já vai ver.

— Digo-lhe que não vejo nada.

— No entanto é como estou lhe dizendo.

— Olhe, doutor, eu conversei com Annie muitas horas. Salvo essa particularidade da química, da qual tem um conhecimento endiabrado...

— Por isso ela está louca... por acreditar ser engenheiro-químico...

— Mais nada?

— Parece pouco?

— Não, não é que me pareça pouco, mas é que não consigo entender...

— Olhe. A história é mais simples do que o senhor imagina.

Miss Annie teve um irmão que era efetivamente engenheiro-químico. Miss Annie estava extremamente apegada a esse único irmão, que morreu em conseqüência de um acidente sofrido num laboratório, durante a realização de um experimento. A impressão que este acidente lhe causou foi tão tremenda, que acabou por sofrer um distúrbio mental. O senhor duvida?

— Juro que estou lhe escutando e não sei o que pensar.

— É terrível. A mãe, a conselho de uns especialistas, levou esta desgraçada filha para viajar. Bom, vou deixá-lo porque estão me esperando na enfermaria.

O médico desapareceu e eu fiquei no convés da nave, diante do oceano negro e do céu coalhado de estrelas rutilantíssimas e como quem viu um fantasma. Miss Annie louca! E eu apaixonado por uma louca!

Coloquei as mãos na cabeça com desespero, e de repente, como se alguém, como se outro fantasma quisesse me salvar da tremenda revelação, uma voz sutil murmurou no meu ouvido interno:

— Tudo o que esse médico bêbado te disse é mentira.

Respirei aliviado. Miss Annie não estava louca. Eu não queria que estivesse louca. O que o médico desqualificado me contara era o simples produto de uma intoxicação alcoólica, e tratando de dissipar na superfície da minha consciência os sinais perturbadores que sua revelação me causara, pus-me a caminhar a passos rápidos ao longo da passarela. De repente se desprendeu do horizonte oceânico uma lua amarela e enorme como a roda de um carro, que projetou entre os confins e a nave uma calçada de água amarela.

Respirei aliviado. Nenhuma das opiniões, das palavras, das atitudes de miss Annie revelava uma pessoa que sofre de transtornos mentais. Quanto ao seu invento para aperfeiçoar a indústria dos tecidos emborrachados, ainda que pareça absurdo à primeira vista, não o é de modo algum, já que tecnicamente a indústria de tecidos emborrachados sofreu consideráveis transformações desde o princípio e essas transformações foram obras de inventores desconhecidos para nós, mas que na sua época ganharam abundantes somas de dinheiro.

Não. Não. Não. Miss Annie não estava louca. Aquela maldita história era produto da descentrada imaginação do ginecologista bêbado. Já não havia lhe ocorrido uma vez a disparatada idéia de que a senhora do pastor Rosemberg estava para dar à luz e não pretendeu enfiar-se no camarote, armado de um fórceps descomunal?

Vinte e quatro horas depois tinha me esquecido definitivamente daquela fantasia do nosso médico e entregava-me sem restrição alguma ao amor de Annie.

As horas voavam entre os dedos das nossas mãos ligadas por carícias como plumas ao vento. Nunca as horas de um relógio giraram tão apressadamente. Abandonada em meus braços, a cabeça reclinada sobre o meu peito, os olhos perdidos no espaço, Annie passava horas da noite a meu lado. Depois que sua mãe dormia, deslizava até o meu camarote. Semelhante a um fantasma, sobre o fundo do céu estrelado, via sua silhueta obscura deter-se um instante diante da clarabóia, em seguida avançava, seus braços nus apertavam-me contra seu peito e durante um muitas horas esquecíamos do céu e da terra.

Tinha resolvido que a acompanharia a Xangai. Conhecia agora os acidentes da minha vida, pois eu não quis dissimular-lhe minhas imperfeições, que eram muitas e graves. Annie tinha vários projetos nos quais eu ia honestamente incluído. Esta possibilidade de não nos separarmos nunca fazia com que nos entregássemos aos nossos gozos com desmedida segurança.

Perdemos a noção do tempo. Os dias, as horas giravam diante dos nossos olhos como se todo o exterior fizesse parte de um sonho que não nos pertencia nem um pouco. Eu via meu primo no horário das refeições, escutava suas reflexões maquinalmente; depois me afastava dele para esperar a chegada de Annie que deslizava até o meu camarote. O dia em que lembrei dos quatro bêbados que se reuniam com o médico na sala de primeiros socorros tive a impressão de que havia transcorrido um tempo enorme.

Então me espantei de não ter contado a Annie o que tinha acontecido algumas noites atrás no convés, ao encontrar-me com o médico de bordo, e bruscamente perguntei-lhe:

— Você não tinha um irmão?

Annie olhou-me espantada:

— Tenho dois irmãos.

— Você não tinha um irmão que morreu num acidente de laboratório?

A estranheza de Annie cresceu desmesuradamente:

— De onde você tirou essa história?

39

Contei a ela o que tinha me acontecido com o médico.

Annie passou capciosamente do meu braço para frente da clarabóia do refeitório, depois:

— Se te disser uma coisa, você promete que não vai pedir explicações a esse homem?

— Não.

— Promete?

— Prometo.

— É uma promessa como a que fez a ele?

— Dou minha palavra. Diga o que me disser, me calarei.

— Pois bem. Imagine que ontem... não; foi anteontem, o médico aproximou-se de mim e depois de me fazer jurar por todos os santos que não te diria uma palavra, disse-me para tomar cuidado porque apesar da sua boa aparência você estava gravemente tuberculoso... e que podia me infectar.

— Mas esse homem é um canalha.

— Imagino que sim. Eu acho que não é médico e sim um estudante de Medicina desqualificado. A vida a bordo o entedia e ele se entretém inventando histórias.

IV

Tipos, intrigas, mulheres e acidentes passaram para segundo plano. O oceano não merecia dos meus olhos senão um olhar distraído. Acredito que o mesmo fenômeno acontecia ao filho do emir de Damasco. Uma noite o surpreendi entrando sub-repticiamente no camarote de miss Herder, e como também miss Mariana não se recatava para ocultar sua felicidade, o pastor Rosemberg chegou a ficar um pouco escandalizado, e inclusive a felicitar-se de que faltassem poucos dias para terminar a endiabrada viagem.

Efetivamente, pelos cálculos que o meu primo esboçou, devíamos encontrar-nos diante de Illo ou entre os portos de Mollendo e Callao. A água, como é freqüente nessas regiões, adquiriu um matiz esbranquiçado que deu origem à definição de "mar de leite". Grandes lençóis de azougada brancura chocavam-se contra as negras placas do casco; à noite o oceano brilhava como se estivesse pintado horizontalmente de luz morta.

A essa altura da viagem aconteceu um grave acidente.

Eram onze da noite. Uma batida sacudiu a lateral da nave, estremecendo o lado esquerdo do *Blue Star* de cima a baixo. Na timoneira, o sino do telégrafo de ordens começou a repicar desesperadamente, enquanto o navio, estranhamente ferido, começou a girar suavemente. Subitamente produziu-se uma ausência de trepidação no colosso:

— Acabam de parar as máquinas — sussurou meu primo, parando a meu lado e com as tiras de lona do colete salva-vidas cruzadas sobre o peito.

Evidentemente, o que acabava de acontecer devia ser muito grave. Ninguém se permitiu a fraqueza de desmaiar.

— Devemos ter atingido um penhasco submarino — suspirei. Lembro que me senti terrivelmente assustado.

— Não — murmurou o senhor mexicano. Se tivéssemos atingido um penhasco, o barco estaria inclinando-se para o lado.

A observação do senhor Tubito era razoável. As pessoas

alarmadas pelo tremendo silêncio mecânico abandonavam os camarotes apressadamente. Annie, na companhia de sua mãe e uma senhora irlandesa, veio refugiar-se a meu lado. Sob seus chales, traziam os coletes salva-vidas.

No entanto, nada permitia supor a existência de uma avaria que fizesse água no casco. Sobre a planície fosforescente de um amarelo apagado, o navio, monstruosamente silencioso, girava sobre si mesmo, semelhante a um touro que aguarda a investida de seu inimigo.

Em poucos minutos os passageiros encontravam-se na borda procurando com os olhos, ao redor, a presença física do perigo. Todos falavam em voz baixa como se subconscientemente não quisessem com um som extemporâneo agravar o desequilíbrio invisível, terrivelmente latente no espaço.

De repente um marinheiro apareceu, explicando em voz alta:

— Não tenham medo, senhores. Não tenham medo. Quebrou um parafuso do eixo do timão. Não tenham medo.

Respiramos. Nada imediatamente mortal. Meu primo, rodeado por uma parte dos passageiros que o examinava, atônito com a sua clarividência, gritou, pois já não podia segurar mais sua língua:

— Isto não é nada comparado com o que vai acontecer!

Nunca na minha vida vi alguém receber tão magnífico soco. Luciano caiu sobre o assoalho de madeira lançando um jato de sangue pelo nariz. Quem acabava de confirmar seus presságios (ainda que não pessoais) era o irritado Capitão, que vociferou:

— Tranquem este canalha num calabouço!

Entre um grumete e o sapateiro redimido do tirapé, Luciano foi levado completamente exangue. Então, eu, plantando-me diante do Capitão, comecei a gritar em defesa do meu primo; mas o Capitão, cruzando os braços, rugiu:

— Não vou tolerar que ninguém, a seu bel-prazer, assuste a tripulação. Este homem passou dos limites e eu já tinha lhe advertido...

— Estou completamente de acordo com o senhor — interveio o cavaleiro peruano...

— O senhor também, cale-se imediatamente ou o tranco...

Como o cavaleiro peruano não esperava essa bronca, calou o bico, e o Capitão prosseguiu:

— O defeito do timão será consertado dentro de poucas horas. É um acidente sem importância... mas não permitirei que nenhum irresponsável se divirta atemorizando os passageiros.

Aquele brutamontes tinha razão. É inegável que Luciano tinha passado dos limites no exercício da sua profissão de profeta, mas os argumentos do Capitão, longe de tranqüilizar os viajantes, acabaram por aterrorizá-los. Não era segredo para ninguém que a avaria não era um acidente sem importância. Miss Mariana, que estava ao lado de Annie, disse:

— Se não consertarem logo o timão, ficaremos à deriva. Ainda bem que há calmaria.

Perguntei-lhe se o aparelho de telegrafia sem fios continuava deteriorado. Sussurou:

— Sim.

O contratempo podia ser gravíssimo. Por outro lado, o pintor Tubito, como se acreditasse ser ele o único conhecedor do segredo do telégrafo, informou-me:

— O senhor não sabe que o aparelho de radiotelegrafia está quebrado?

Afastei-me da borda com Annie. O navio permanecia detido no meio de uma planície que parecia pintada de uma amarelada luz morta. Escutava-se somente o zumbido elétrico dos dínamos. As pessoas iam da popa à proa falando em voz baixa, gesticulando; alguns achavam excessivo o castigo que o Capitão ministrara a Luciano; outros achavam que era merecidíssimo e as irmãs do cavaleiro peruano, em companhia de outras senhoras, resolveram reunir-se em seus camarotes para impetrar a proteção divina.

Ab-el-Korda, o filho do emir de Damasco, homem piedoso apesar dos seus costumes dissolutos para o nosso critério ocidental, sacou o seu Corão e deu para meditar nas formas que assumiria o Anjo da Morte quando viesse tirar satisfações sobre a sua conduta terrestre. Miss Mariana tornou a submergir no camarote do radiotelegrafista. Miss Herder, a feminista, deu-me a impressão de estar disposta a converter-se ao islamismo, porque perto do árabe esbanjava os consolos de uma huri sardenta (supondo que as huris possam ter sardas). O conde de la Espina y Marquesi afundou-se com o médico e os trapaceiros de sua companhia em outra interminável partida de pôquer. Os ajudantes do serviço do refeitório, o ex-agulheiro e o salteador regenerado, pareceram-me dispostos a degolar-nos a qualquer momento, excitados por essa atmosfera de fatalidade que parecia pesar sobre o navio e da qual meu primo Luciano era o único e infalível clarividente.

Aproveitando que o Capitão e seus homens estavam ocupados no conserto do aro do timão, desci à casa das máquinas, em cujo lado, entre a escada dois e três, estavam os calabouços, e pus-me a falar com Luciano através das barras da porta de ferro. Sua voz, sufocada pelo tabique de ferro, resfolegou indignada:

— Não se solte do salva-vidas. Vá até minha mala e traga o revólver.

— Para que você quer o revólver?

— Para estourar os miolos desse canalha... Não tenha medo. Naufragaremos do mesmo jeito e ninguém poderá nos pedir satisfação pela morte dessa besta.

Meu primo estava transtornado de furor. Afastei-me do calabouço com o propósito de minorar seus padecimentos.

Durante toda a noite os mecânicos, vigiados pelo Capitão, consertaram a avaria do timão. Os homens, encarapitados num bote e auxiliando-se com lanternas, martelavam e lançavam sobre a água os voltaicos resplendores dos maçaricos oxídricos. Por fim, as estrelas empalideceram; ao Leste apareceu a borda de um sol vermelho que foi crescendo como um aro de fogo; os marinheiros içaram o bote às seis da manhã; o navio vibrou sob a trepidação das máquinas em movimento e um grumete anunciou que a avaria estava consertada.

Meia hora depois, o *Blue Star* seguia sua rota em direção ao Norte. Tínhamos perdido sete horas de viagem. Não sei por que razão, de repente, no jornal de bordo (uma lousa), foi colocado um aviso indicando que o navio não pararia nos portos de Callao, Ancón nem Ferrol, e sim em Malabrigo, na fronteira do Equador.

V

Vinte e quatro horas depois deste acidente, miss Mariana apresentou-se no refeitório acompanhada do radiotelegrafista e anunciou-nos:

— Senhores, apresento-lhes meu noivo. Nós nos casaremos quando chegarmos ao porto de Malabrigo.

Uma ovação acolheu a notícia. Miss Mariana ia se casar! Abel-Korda foi o primeiro a felicitá-la: ao ouvir a notícia o conde de la Espina y Marquesi afastou-se do refeitório para voltar poucos minutos depois com um encantador colar de pérolas falsas que lhe ofereceu com o mais senhoril dos gestos. A segunda irmã da mulher do cavaleiro peruano murmurou, com voz suficientemente alta para que os outros a escutassem:

— Onde terá conseguido esse colar?

Era visível a intenção da pergunta. Fingimos não a escutar e, à noite, houve um grande baile a bordo. Meu primo Luciano, num pedido especial de miss Mariana e do radiotelegrafista, foi posto em liberdade. Do magnífico soco que o Capitão lhe aplicara conservava o nariz inchado como uma bola. A senhora escocesa, que renunciara à sua esperança de converter o árabe e de regenerar o conde de la Espina y Marquesi, colocou meu primo sob sua custódia. Miss Herder dançou com o árabe e Annie, pegando-me por um braço levou-me para a popa. Sentados num banquinho, rostos juntos, as mãos passadas pelas cinturas, nós nos dedicamos a contemplar o oceano e a sonhar com nosso futuro. Para ela estava decidido que eu iria para Xangai. Nós nos casaríamos lá. Eu não podia escapar de um dos vários projetos que tinha para converter-me num homem útil à comunidade.

O projeto ou os projetos de Annie eram extremamente razoáveis. Tinha passado o braço em volta do meu pescoço e me dizia:

— Você vai abandonar essa viagem absurda a que os seus parentes te destinaram e que é outra fraude.

— Sim.

— Virá comigo para Xangai.

— E vou viver do quê?...

— Vai morar com a gente...

— Mas...

— Escuta... Você vai morar com a gente e estudará inglês. Você não vai escutar outra coisa que não seja inglês, francês ou chinês...

— Falo alguma coisa de francês...

— Estudará inglês. Uma vez que tenha estudado inglês, que além disso vai te ajudar a estar rodeado de pessoas...

— É, mas sem dinheiro...

— Escuta. Você vai morar um ano como se fosse nosso pensionista. Eu vou trabalhar na mais importante companhia de pneus que existe na Concessão Internacional. Ocuparei um cargo importante nos laboratórios. Quando você estiver falando e lendo inglês correntemente, conseguirei para você um cargo na companhia ou na administração.

— Sim... mas enquanto isso...

— Enquanto isso o quê...

— Você não percebe que o que está me propondo... enfim...

Annie começou a rir:

— Meu querido. Você deseja ir para Xangai tanto quanto eu. O fato de ter sido um pilantra te chateia por temor de que as pessoas continuem achando que você ainda seja, mas fique tranqüilo. Na Concessão Internacional você não será nem melhor nem pior do que tantos outros que são personagens ali. E agora me diga que você me ama.

— Sim, te amo.

— Só a mim.

— Só a você.

Os giros de uma valsa chegavam aos nossos ouvidos. O *Blue Star* avançava rapidamente no mar de leite. Olhando para o Oeste, parecia que eu estava vendo aparecer as amarelas costas da China. O que ainda nos esperava? A viagem empreendida sob funestos auspícios tinha sido rica em sobressaltos e calamidades. Não víamos a hora de abandonar esse navio desafortunado, com seu pequeno refeitório sombrio, seus camarotes de madeiras escuras e as negras chaminés por onde sobrevoava o azar.

VI

Os viajantes estavam deprimidos. Recostados nas suas redes, permaneciam abstraídos, esquecidos dos livros que trouxeram para ler. O fato é que a atmosfera pesava cada vez mais; um sol a cada hora mais brilhante fazia arder a extensa planície do oceano como a boca de um cadinho de chumbo. A água parecia antimônio derretido com sua espuma argêntea batendo no casco. Luciano calculava que havíamos deixado Puerto Ferrol para trás. Nós nos aproximávamos do Equador navegando agora sobre as mais profundas "fossas submarinas" do oceano Pacífico, e que compreendidas entre os 20° e 40° de latitude margeiam a parte norte da América do Sul.

Meu condenado primo ocupava seus dias estudando astrologia trancado no seu camarote e completamente nu. Quando aparecia no convés, dirigia-se aos passageiros e interrogava-os sobre o dia, mês, ano e hora em que tinham nascido. Depois de meditar, dizia-lhes com todo mistério:

— O senhor, que tem Marte no signo de Virgem, deve cuidar dos seus intestinos... O senhor...

Alguns acabaram acreditando que ele era um bruxo. Mais de uma senhora, ao vê-lo passar, benzia-se pelas suas costas.

Evidentemente, era impossível arrancar dele uma só palavra sobre o destino do *Blue Star*. O castigo do Capitão funcionou como antídoto contra a sua mania de agourar; mas se alguém entrava no seu camarote, podia ver o colete salva-vidas ostensivamente estendido sobre o beliche. As anciãs que no primeiro dia da nossa partida afastaram-se dele, indignadas por causa do seu vocabulário pitoresco, transformaram-se nada menos que em suas devotas. Rodeavam-no e acolhiam-no como se fosse um beato. O próprio Ab-el-Korda estava certo de que o meu primo era ajudado por um "djin", isto é, um gênio. Em compensação, o pastor protestante argüia que os dotes proféticos do meu primo tinham origem numa fonte diabólica. Alguns marinheiros pensavam que o mais prático seria prender chumbo no seu pescoço e lançá-lo ao mar, mas todos rezavam com mais assiduidade, e semelhante regressão indicava nestas pessoas um saudável temor pelo destino das suas peles. As missas do pastor, efetuadas no refeitório, atraíam os que navegavam no maldito navio menos o filho do emir de Damasco que cumpria seu ritual muçulmano, escrupulosamente trancado em seu camarote.

Mas estava escrito que quanto a surpresas não havíamos terminado. O acontecimento mais sensacional, pelas suas estranhas características, aconteceu duas noites depois que a avaria do timão foi consertada.

O relógio das entrecobertas marcava dez horas quando nós, que acabávamos de tomar chá no refeitório, fomos testemunhas do mais extraordinário espetáculo que poderíamos imaginar, e este extraordinário espetáculo consistiu em que o Capitão trazia, simplesmente arrastando pelos cabelos, a segunda irmã da esposa do cavaleiro peruano. Um marinheiro mantinha a esquálida senhorita agarrada pelas pernas, enquanto as mãos da solteirona, revestidas por luvas de borracha vermelha, agitavam-se simplèsmente desesperadas no espaço. O Capitão sustentava uma tesoura na mão livre. Sem nenhuma contemplação, ajudado pelo marinheiro, introduziu a solteirona no refeitório e depositou-a violentamente sobre uma cadeira, onde a mulher, sem tirar as luvas de borracha, começou a arrumar a desordem dos seus cabelos com uma calma espetacular.

Nós, as testemunhas, agrupamo-nos silenciosamente ao redor dos atores deste acontecimento e o Capitão, mostrando-nos a tesoura, explicou-se:

— Acabo de deter a senhorita Corita no exato momento em que, com esta tesoura, pretendia cortar o cabo principal da iluminação dos camarotes, para provocar um novo alarme.

Estupefatos, olhamos para a senhorita Corita como se a víssemos pela primeira vez. O fato era inegável e o comprovamos minutos depois, verificando o cabo mordido pela lâmina de metal da tesoura que ainda conservava partículas de cobre. A solteirona, surpreendida, não tinha tido tempo de tirar as luvas. O Capitão prosseguiu:

— Esta dama é a que incendiou o camarote do pastor Rosemberg; esta dama é a que jogou na água a bagagem da senhorita Herder, e agora pretendia aumentar a atmosfera de terror que existe aqui provocando um perigoso curto-circuito. Previno a tripulação e os passageiros que agirei sem contemplação contra todos os alarmistas e sabotadores.

Enquanto o Capitão falava, nós examinávamos a perigosa solteirona. Sentada na beirada de uma cadeira, sua pele, nos traços consumidos e lívidos, parecia eriçar-se como a de um gato diante de um mastim. De repente alguém virou a cabeça e descobriu o cavaleiro peruano observando atônito o semblante da sua cunhada. Parcimonioso, avançou entre nós, deteve-se na mesma linha que estava detido o Capitão e perguntou:

— Diga-nos, Corita, por que fez isso?

Dona Corita envolveu seu cunhado num olhar depreciativo e sardônico. Em seguida, muito serena, respondeu ao mesmo tempo em que examinava suas unhas:

— Como o senhor Luciano pressagia sempre desgraças, quis dar-lhe fama de adivinho.

Meu primo, mais que surpreendido, retirou-se envergonhado; nós não conseguíamos pronunciar uma palavra, de tanto que nos desconcertava o desembaraço da incendiária. O Capitão, que conhecia de sobra as vantagens da sua posição, encarou o cavaleiro peruano e disse-lhe:

— Se o senhor não se comprometer a pagar os prejuízos que esta senhorita ocasionou no camarote do navio, na bagagem do senhor Rosemberg e na da senhorita Herder, verei-me obrigado a desembarcá-la detida em Malabrigo.

O cavaleiro peruano inclinou-se cerimonioso e respondeu:

— Indenizarei todos os prejudicados. Agradeceria se vocês me apresentassem o montante dos seus prejuízos.

O Capitão prosseguiu:

— Esta senhorita irá detida em seu camarote até Malabrigo. Deverá desembarcar ali porque constitui um perigo para os passageiros.

— Perfeitamente.

Um grande círculo de silêncio havia se formado em torno dos interlocutores, enquanto a incendiária, placidamente, cortava as unhas com uma tesoura de bolso.

O cavaleiro peruano, lívido em conseqüência da humilhação que estava sofrendo, mordia os lábios; a solteirona, de quando em quando, envolvia-nos no seu cinzento olhar cínico; finalmente o

Capitão pôs fim à cena, chamando um marinheiro e ordenando-lhe que levasse detida a senhorita Corita para seu camarote. Atrás dela saíram seu cunhado e o Capitão, e nós, uma vez que os três desapareceram, ficamos comentando o estranhíssimo caso. De maneira que era essa venenosa senhorita quem produzia a Fatalidade a bordo!

VII

Quando uma das duas anciãs perguntou se não teria sido dona Corita quem tinha causado a avaria no timão, começamos a rir. Não; a cunhada do cavaleiro peruano não tinha forças físicas parar soltar os parafusos das abraçadeiras do eixo do timão, nem o timão encontrava-se ao alcance da sua mão nociva, mas, finalmente, esta temível companheira de viagem estava sob a custódia de um marinheiro, e não era provável que pudesse repetir seus atentados.

O conde de la Espina y Marquesi opininava que a senhorita Corita era um agudíssimo caso de histeria. Annie, em compensação, afirmava que se tratava de uma perversa vulgar agindo às escondidas porque contava com a impunidade. Os que não paravam de discorrer sobre o assunto eram o pastor Rosemberg e miss Herder, quem, estimulados pelas promessas do cavaleiro peruano, confeccionavam a lista dos bens que perderam. A senhorita Herder afirmava que ela não colocaria na tal lista uma só roupa a mais; o pastor jurava que entraria no forno ardendo como um dos Macabeos antes de cobrar um lenço a mais do opulento fiador, mas eles estavam contentes demais para que possamos acreditar neles completamente. Trocando olhares de inteligência, a feminista e o casal trancaram-se em seus camarotes munidos de lápis e cadernos, e estou certo de que com o que cobraram a mais do senhor Gastido podiam abrir uma loja de roupa íntima. Muitos lamentaram não terem sido vítimas da malignidade da solteirona.

Depois do dito incidente não voltamos a ver o cavaleiro peruano, que almoçava e jantava com sua família trancado no camarote. Acho que tratavam de eludir a hostilidade dos passageiros desviada de Luciano e dirigida a eles. À noite, quando a tripulação dormia, a estranha família passeava fantasmagoricamente no último convés.

Sob qualquer ponto de vista que se olhe, sua aventura não tinha nada de invejável. A temperatura tornou-se terrível. O ar escaldava; o *Blue Star*, preguiçosamente, seguia seu rumo num mar de leite quente, esmagado em toda a extensão. A costa permanecia invisível, mas podíamos adivinhá-la nos fedores vegetais que o vento trazia, liberados das selvas putrefatas dos baixios. De vez em quando, a atmosfera parecia estar carregada de faíscas de fogo; nós, banhados de suor, permanecíamos imóveis nas redes até o anoitecer, em que uma lua vermelha e ardente subia pelo céu como um redondo incêndio africano.

— Depois de amanhã à noite chegaremos a Malabrigo — disse meu primo no entardecer de 5 de outubro —; mas antes teremos tormenta.

Efetivamente, ao Norte via-se a cúpula do céu riscada de lívidos relâmpagos. No entanto não se divisava uma só nuvem. Mas era visível que a atmosfera estava carregada de eletricidade. No início da noite houve um momento que pareceu que navegávamos num oceano de fogo; o horizonte era uma muralha negra lambida pela ondulação desta fosforescência, quieta e morta.

Se tivéssemos visto fantasmas caminhar sobre as águas não teríamos nos assustado, tão tétrica desenhava-se a paisagem que nós, por momentos, não sabíamos se estávamos vivos ou mortos.

O Capitão andava inquieto. Até às onze da noite o vento ululava cortando no casco, mas meu primo, inclinando-se sobre a borda, disse-me a modo de um novo Virgílio daquela infernal paragem:

— Veja só; o vento sopra e a água não se mexe.

Efetivamente, fosse porque a densidade do oceano naquele lugar, devido à salinidade, resultasse excessiva, fosse outra a causa, o fato é que a água, insensível à impulsão do vento, permanecia esmagada como um imenso lençol de borracha batido. Não era necessário ser adivinho para assegurar uma iminente mudança atmosférica.

Annie, despedindo-se de mim, disse que aquela noite não me acompanharia. Sua mãe estava com febre, e eu, não sei se pelo efeito de dois uísques que bebi com o telegrafista, fui para a cama tão cansado que dormi instantaneamente.

Às quatro da manhã alguém me puxou violentamente por um braço. Levantei-me sobressaltado. Quem me acordava era o médico. Acompanhavam-no o senhor X, agregado comercial à embaixada do Japão, o senhor Tubito e o traficante de alcalóides. Este consórcio de espertalhões olhava-me fixamente. O médico, uma vez que verificou que eu estava bem acordado, perguntou-me:

— O senhor é o que vai agregado à "Comissão Simpson de Sondagens", não?

— Sim.

— O senhor é geólogo?

— Não... não... eu não sou geólogo...

— Mas o senhor disse que nos encontramos sobre as fossas submarinas mais profundas do oceano Pacífico.

— Sim, mas isso não significa que eu seja geólogo... Bom... o que está acontecendo?

O médico coçou o queixo e, em seguida, com uma precisão de linguagem que eu não teria sonhado jamais num embusteiro da sua laia, respondeu:

— Parece que fomos pegos pelo raio vetor de um rodamoinho de água de cem milhas de diâmetro.

A terminologia do médico me espantou. Ele percebeu e esclareceu:

— Eu nunca devia ter sido médico, e sim engenheiro mecânico. Em resumo, acho que está claro... O navio está sendo arrastado por um rodamoinho semelhante ao que se forma na superfície aquosa de uma banheira que está se esvaziando. A única diferença consiste no diâmetro. Na banheira, o raio vetor do rodamoinho mede cinco centímetros, aqui, cem milhas. Assim diz o "segundo"...

Percebi imediatamente para onde se encaminhava a hipótese do médico. Rebati:

— Acho que o seu raciocínio tende a demonstrar que um pedaço da crosta do solo oceânico cedeu sobre uma grande caverna plutoniana. A água do oceano, rodando no interior daquela monstruosa caverna, forma o rodamoinho que está nos arrastando.

— Justamente, foi isso que o "segundo" disse.

— O que não consigo imaginar são as dimensões de semelhante caverna — retrucou o pintor mexicano.

Respondi:

— Para que possa ter uma idéia das magnitudes terrestres direi-lhe que a profundidade submarina mais acentuada equivale a uma fissura de dez milímetros de profundidade traçada num raio de um metro de diâmetro, embora o que menos deva nos importar agora são todos estes mexericos. O que está acontecendo concretamente?

— É que desde ontem à noite o chefe de máquinas, dando marcha à ré, tenta sair da corrente circulatória que nos pegou na sua rotação. Seus esforços são em vão. Outros barcos estão ali pegos como nós na maldita cilada.

Vesti-me apressadamente. O céu da manhã estava decorado com vastos caracóis de estanho que, com lentidão, cruzavam até o Poente a abóbada celeste. Através das extensas planícies de água viam-se outros navios cuja posição em relação ao nosso mantinha-se inalterada, pois eram arrastados circularmente na mesma velocidade angular que o *Blue Star*. Os mastros tristemente inclinados, os cascos como negros monstros verticais, compunham um cenário desconcertante.

O senhor X, a viseira do boné enfiada até a ponta do nariz, observou:

— Repare como a superfície da água mudou. Em vez de estar rugosa parece uma roda de alumínio em rotação.

A comparação era precisa. O navio estava embutido, por assim dizer, num imenso disco de alumínio líquido, que aparentemente girava com uma velocidade periférica de trinta milhas por hora. A cada dez horas dávamos uma volta de rodamoinho completa para nos aproximarmos mais do centro abismal.

— Desta vez estamos pegos — disse nas minhas costas o conde de la Espina y Marquesi — Podemos encomendar nossas almas "al diavolo".

Eu não sou homem de sentir extraordinário entusiasmo quando se trata de colocar-se diante de um perigo, e de repente senti que alguma coisa desmoronava-se vertiginosamente no meu interior. Tive a impressão de que derretia; olhava ao redor e não sabia em que direção escapar. Fazendo um tremendo esforço sobrepus-me ao medo, dedicando-me a observar os meus semelhantes. Os oficiais em companhia do Capitão conversavam animadamente na timoneira. Às onze da manhã, todos nós nos reunimos no refeitório para escutar o pastor Rosemberg, que começou a ler para nós um trecho da *Bíblia*.

O tema da leitura do pastor versava sobre "a profecia de Jonas". Com voz carregada de dignidade, começou a ler:

"E tinha disposto o Senhor um grande peixe que engoliu Jonas e esteve Jonas no ventre do peixe durante três dias e três noites.

"E fez Jonas orações ao Senhor Deus do ventre do peixe.

"E disse: na minha tribulação chamei ao Senhor e me ouviu. Do sepulcro clamei e ouviste minha voz.

"E me atiraste no profundo, no rodamoinho do mar e a corrente cercou-me, todos teus rodamoinhos e tuas ondas passaram sobre mim."

Aqui o pastor Rosemberg interrompeu-se e disse:

— Que maravilhosa coincidência a piedade do Senhor nos oferece através dos séculos! Nós não só estamos como fomos pegos por um rodamoinho, como nos séculos passados houve também um homem, chamado Jonas, sobre o qual passaram todos os rodamoinhos e as ondas do mar. E o que aconteceu com este homem, Jonas, meus irmãos? O que aconteceu? Pois algo muito simples. Diz aqui o santo livro:

"E veio outra vez a palavra do Senhor a Jonas, dizendo:

"Levanta-te e vai a Nínive, uma cidade grande, e prega nela o sermão que eu te digo."

Novamente o pastor fechou o livro e disse:

— O que isto significa? Pois que Jonas saiu do ventre do grande peixe, são e salvo, por ter orado ao Senhor. E como prova de que saiu são e salvo do ventre do grande peixe, o qual alguns supõem que era uma baleia, foi enviado a Nínive para pregar um sermão. O que significa, volto a perguntar, esta coincidência de fatos? Ora, que nós, assim como Jonas, nos salvaremos e entraremos nas nossas respectivas cidades para pregar e exaltar a grandeza de Deus que nos salvou de tão grande perigo como é um rodamoinho.

Enquanto o pastor Rosemberg edificava-nos desta sábia maneira, a senhora escocesa batia os punhos no peito, conduzindo de certo modo o compasso da leitura. As mulheres estavam chorosas; meu primo, sentado num canto, tratava de sufocar seus soluços. O pânico transformara-o numa criança. Mas não foi só ele. Não. Às três da tarde o drama começou a transformar-se em tragédia. Um tripulante de cor ouviu uma conversa do telegrafista, em que este manifestava que possivelmente seríamos tragados por um funil oceânico que nos submergiria numa caverna submarina, e seu terror foi tão desmesurado que, sacando da sua cama um revólver escondido, deu um tiro na cabeça ao mesmo tempo em que se lançava ao oceano. O cadáver do negro, colhido pelo mesmo turbilhão que arrastava a nave, flutuava a estibordo do *Blue Star* como se uma mão invisível o mantivesse ao rés da água. As pessoas, para evitar o espetáculo, reuniram-se a bombordo.

Às cinco da tarde, meu primo Luciano, completamente aterrorizado, arrastou-se até o seu beliche. Como um moribundo permaneceu ali com os lábios despegados e os olhos esbugalhados.

VIII

Annie, agarrada ao meu braço, não se afastava de mim um só instante. Os cachos da sua cabeleira negra emolduravam um rosto pálido e de grandes olhos, dilatados pelo espanto. Eu não sabia a que palavras apelar para consolá-la.

O pastor Rosemberg instalou um serviço religioso no refeitório. Annie, apesar do seu grande amor por mim, acabou por aderir ao grupo no qual a senhora escocesa, o conde de la Espina, Mariana e a senhorita Herder rezavam devotamente a todos os santos. Ab-el-Korda não soltava um momento seu Corão. Às nove da noite soubemos que o senhor X, agregado comercial à embaixada do Japão, tinha se enforcado com uma corda.

No refeitório, o conde de la Espina e a senhora escocesa liam, alternando-se, versículos do *Livro de Jó*. Às quatro da manhã refugiei-me no camarote do médico que, convenientemente bebido, explicava com uma língua enrolada ao pintor Tubito e ao traficante de alcalóides:

— Quando o navio chegar ao centro do rodamoinho, o vácuo o absorverá como uma ventosa para o fundo. Nós deslizaremos a uma velocidade fantástica ao longo de um cone de água que irá escurecendo até que o tremendo choque nos despedace no fundo do abismo.

Eu, lembrando minha física do curso secundário, retruquei:

— Assim que chegarmos no centro do rodamoinho, tropeçaremos com uma corrente de ar vertical em direção oposta à que seguimos, de maneira que, por causa da atmosfera desalojada, é bem provável que cheguemos ao fundo semi-asfixiados.

Que curiosos os fenômenos psíquicos que sobrevêm nos momentos de terror! Eu, que um dia antes pensava ligar meu destino ao da voluptuosa Annie, não me lembrava dela agora. Quando passava pelo refeitório e a via lendo na *Bíblia* o *Livro de Jonas*, entre a sardenta escocesa e o ladrão internacional, pensava que a aparência que exibia na companhia dessas pessoas era francamente ridícula. E, no entanto, eu tampouco podia evitar a pressão do medo que por momentos me fazia desmoronar aniquilado no primeiro beliche que encontrava. O filho do emir de Damasco não tirava os olhos um instante do livro santo.

Em terra, na mesma hora, os jornais comentavam nossa situação nos termos mais dramáticos. A agência "Argus" descrevia para duzentos e quinze jornais do mundo a situação dos tripulantes dos outros navios (do nosso não podiam ter informações porque nossa instalação de telegrafia sem fios estava avariada) nestas palavras:

"As tripulações dos navios arrastados pelo turbilhão abandonaram suas tarefas e vagam enlouquecidas. Duzentas mulheres e quinhentos homens de diferentes idades encontram-se no atual momento apoiados nas bordas das naves, olhando com olhos dilatados pelo espanto os concêntricos círculos de água prateada que os aproxima cada vez mais do centro do buraco do turbilhão. Os motores de todos os navios deixaram de trabalhar, dada a inutilidade de escapar deste novo tipo de megasismo. É evidente que se produziu uma catástrofe suboceânica de projeções incalculáveis. O eixo do rodamoinho encontra-se numa das mais profundas fossas submarinas do Pacífico, 11.500 metros. É provável que a crosta submarina tenha desmoronado sobre uma escavação plutônica de capacidade incalculável por enquanto. O astrônomo Delanot associa este fenômeno ao das manchas solares em atividade, embora ele, como todos os diretores de observatórios, esteja espantado com o fato de que os sismógrafos não tenham registrado nenhum movimento sísmico cujo epicentro corresponda à paragem da qual nos ocupamos."

A noite chegou e o espanto da tripulação aumentou. Vários infelizes consideravam meu primo Luciano o responsável por toda a desgraça que ocorria a bordo. Quando menos esperávamos, o sapateiro redimido do tirapé, o salteador regenerado, o agulheiro e vários outros delatores dirigiram-se ao camarote do infeliz, pegaram-no pelas pernas e simplesmente, arrastando-o pelo chão, arremessaram-no no oceano.

Nestas circunstâncias aconteceu algo que se pode qualificar de extraordinário. Meu primo, em vez de afundar nas águas ou de flutuar horizontalmente, ficou verticalmente embutido no oceano, como um desses bonecos de celulóide que têm como base um casquete de chumbo. Tão estranha capacidade de boiar pareceu a esses delatores a prova mais que evidente de que Luciano era um bruxo e, por conseguinte, o único responsável por todas as desgraças que caíam sobre nós. Não era nada disso. Luciano não era um bruxo mas um desgraçado que havia cometido a imprudência de enfiar um colete salva-vidas debaixo da sua folgada bata.

Quando vi meu primo boiando pensei que esta prova apaziguaria o ânimo desses bêbados, mas ocorreu exatamente o contrário; é que os selvagens, depois de se certificarem de que Luciano estava vivo, chamando-o aos berros e depois dele lhes ter respondido, pegaram tudo quanto podia ser utilizado como projétil e começaram a apedrejá-lo. Um gancho de ferro incrustou-se na cabeça do meu primo como se esta fosse composta pela macia substância de um queijo-bola e um lingote de chumbo pôs fim à vida do desgraçado.

Assim acabou meu nobre parente Luciano. Era um homem singular, aficionado em meter medo nos seus semelhantes e ele mesmo medroso como um gambá. Tinha uma singular predisposição para estar em todos os lugares onde acontece algo que é prudente evitar. Sempre gostou de se disfarçar de fantasma. Lembro que quando era pequeno enrolou-se num lençol e escondendo-se num recanto do jardim, à noite, bruscamente saiu ao encontro de uma assustadiça tia, a qual, em conseqüência do choque, ficou definitivamente estúpida.

Gostaria de poder expressar-me sobre Luciano em termos mais encomiásticos, mas estou certo de que do além-túmulo ele se irritaria se eu fizesse um elogio convencional sobre seus deméritos. Adverti-o em diversas oportunidades, e comigo, outros que o conheciam melhor que eu, para que fosse mais circunspecto, mas a vaidade o prejudicou. Particularidade curiosa; uma cartomante disse-lhe que morreria numa roda, e sempre pensou que seria sob uma roda de automóvel e não a roda de água na qual pereceu. Por isso fugia das ruas das cidades, preferindo morar nos povoados tranqüilos e solitários, mas está escrito que ninguém pode desviar-se do seu destino. Se eu tivesse podido salvá-lo o teria feito, mas não me atrevi a intervir, temeroso de que também me assassinassem. O Capitão, da sua timoneira, viu esse crime consumar-se sem intervir, imóvel como um sonâmbulo.

À meia-noite já chegava até nós, vindo do horizonte, o rugido terrível que a água produzia ao ser engolida pela caverna submarina.

Em cada convés os passageiros formavam rodinhas de sombras que gesticulavam espantadas. Lá em cima, no espaço, as estrelas luziam como sempre; embaixo, o rodamoinho, compacto na sua massa aquosa, rodava como o seguro volante de um motor posto em funcionamento recentemente.

A lua saiu e era um espetáculo surpreendente esta planície de água convertida numa tersa roda de prata, cuja polida superfície refratava a claridade lunar como um refletor parabólico. Em certas partes da nave víamos nossos rostos inundados por grandes fachos de luzes e sombras, como se estivéssemos situados num continente lunar.

Às três da madrugada nosso Capitão, que então soube que se chamava Henry Topman, entrou no seu camarote e descarregou um tiro na têmpora.

IX

A disciplina da tripulação relaxou-se completamente. O sapateiro redimido do tirapé, o agulheiro, o encarregado da dispensa e o cozinheiro organizaram uma farra monstruosa na casa das máquinas. Os cânticos e suas vozes subiam das entranhas do navio, como um coro infernal do centro da terra. Quando o primeiro maquinista quis intervir quase lhe quebram a cabeça com uma pá de carvão.

As coisas não andavam melhor nos outros navios. O *Maria Eugenia*, que trazia uma terceira classe lotada, foi palco de diversos excessos. Um grupo de árabes esfaqueou-se com um grupo de judeus; o segundo maquinista de plantão teve que matar a tiros um foguista enlouquecido de terror; o senhor Ralp, um comerciante da ilha de Aoba, assassinou sua mulher e em seguida atirou-se nas águas.

Amanheceu um segundo dia de horror. Como os marinheiros do *Blue Star* haviam abandonado suas tarefas, o navio parecia um chiqueiro. Onde quer que se colocasse o pé tropeçava-se nos montões de lixo; uma parte da carga, composta de carne congelada, devido ao fato de que a câmara frigorífica estava abandonada, começou a feder espantosamente. Parecia que levávamos um carregamento de cadáveres. A desmoralização fez-se tão ostensiva que todos nós acabamos por nos armar com o que tínhamos à mão, pois não sabíamos se a morte devia chegar até nós pelas mãos dos homens ou pelo furor da natureza.

O que direi do nosso pessoal? O conde de la Espina, farto de esperar a morte e mais farto ainda de ler versículos na *Bíblia*, atentou contra o pudor da senhora escocesa. A senhora escocesa defendeu-se tão vigorosamente com um guarda-chuva que o pobre conde saiu da contenda com um olho arrebentado. Miss Mariana, em compensação, atacada por uma repentina sede de castidade, suspendeu seu compromisso de amor com o radiotelegrafista. Ajoelhada na companhia de miss Herder, num canto do refeitório, orava em voz alta, enquanto a senhora de Rosemberg, o cavaleiro peruano, sua mulher e suas três cunhadas formavam um grupo que, lançando alaridos sincronizadamente, batiam no peito como se suplicassem aos céus para que descarregasse sobre eles toda sua cólera. Annie, insensível a qualquer consolo, permanecia imóvel num canto do seu camarote, o olhar fixo no vazio, agarrando uma mão da sua mãe, que a cada quinze minutos se levantava no beliche e berrava:

— Meu Deus, diga-me quem sou, meu Deus!

Nunca vou me esquecer de um cavaleiro ruivo, vendedor de motores e materiais elétricos. Munido de um machado, tinha despedaçado completamente a porta do seu camarote; a cada tanto arremessava um pedaço de madeira nas águas e apoiado na borda ficava olhando como o pedaço de madeira acompanhava o navio no seu percurso circular. Outro, no refeitório, imobilizado como um sonâmbulo diante de uma bússola de bolso, seguia com olhos de alienado o lento girar da agulha magnética. Uma mulher descabelada como uma fúria, com o vestido rasgado sobre o peito, permaneceu oito horas aferrada a um mastro, o olhar fixo naquele redondo espelho de prata, polido pela implacável claridade que caía dos céus. Em seguida, despencou. Estava morta.

O bramido da longínqua catarata fazia-se cada vez mais próximo. O sol ardia no céu como um alto forno que vomita fachos de labaredas. O médico, o pintor Tubito e o traficante de alcalóides, raivosos de sol, de álcool e de desespero, quiseram seqüestrar miss Mariana e miss Herder, mas o telegrafista derrubou a tiros o médico e o senhor Tubito. O traficante de cocaína retirou-se mansamente para a enfermaria dedicando-se a cuidar do conde de la Espina y Marquesi, que com seu olho vazado delirava lamentavelmente. Durante seu delírio revelou um engenhosíssimo plano de fraude que tinha projetado com outro cúmplice em prejuízo do Banco Canadense da Venezuela.

Sobreveio um entardecer vermelho. O bando de delatores continuava sua farra no fundo da casa de máquinas. Estavam completamente nus; foi preciso trancar com cadeado a grade que dava passagem ao compartimento para evitar que aqueles selvagens se lançassem ao convés e cometessem desatinos.

O cavaleiro peruano, sua mulher e suas três cunhadas, miss Herder, miss Mariana, o pastor e sua esposa e a agravada senhora escocesa conseguiram umas velas não sei onde. O cavaleiro peruano extraiu de uma das malas das suas cunhadas um tremendo crucifixo de ouro e, organizando uma peregrinação pelos conveses, começaram a desfilar ao som da canção:

> "Oh, Maria, minha mãe,
> etcétera, etcétera.........!"

Detrás da grade da casa de máquinas, os bandidos nus, ao passar a procissão, gritavam incríveis obscenidades, mas as devotas e seus acompanhantes continuaram imperturbáveis. O telegrafista abria o desfile com um círio numa mão e o revólver na outra.

O filho do emir de Damasco, prostrado no convés que se estendia diante da timoneira, batia a testa no chão ao mesmo tempo em que orava a "oração do Medo". E no mesmo instante em que a procissão chegava à popa, o gongo ressoou furiosamente no refeitório e o contrabandista de cocaína apareceu gritando:

— Aviões, estão chegando os aviões para nos salvar!...

X

Dos confins partiam surdos silvos de sirene, o oceano enchia-se de colunas de sons. Salvos, salvos! De todas as direções do céu apareceram esquadrilhas de hidroaviões. Eu comecei a chorar feito uma criança ao abraçar o contrabandista de alcalóides.

Desta vez uma rajada de loucura cruzou a nave de um canto a outro. As mulheres ajoelhavam-se no tombadilho, de diferentes cantos saíam os homens barbudos e com olheiras, o bando nu que escandalizava no fundo da casa de máquinas derrubou a grade e, nus em pêlo como estavam, lançaram-se dançando por todos os corredores do navio, ao mesmo tempo em que uivavam de alegria.

Agora sim que ninguém se irritou. Apareceram caixotes com garrafas de vinho e cerveja. Bebia-se. Houve cantoria, todos iam e vinham; ninguém se lamentava dos bens que tinha que perder; em cada corredor, diante de cada camarote, havia um tumulto movediço e sempre renovado de pessoas que com as mãos estendidas ofereciam um copo de champanhe; e à medida que aumentava a alegria de se salvar, o ruído humano crescia mais ressonante...

De repente lembrei-me de Annie. Correndo, dirigi-me ao seu camarote. Continuava ali, sentada na lateral do beliche da sua mãe. Uma expressão estranha tornava seu rosto perplexo:

— Annie — gritei-lhe — Annie, você está me entendendo?

Ela não olhou para mim. Sorrindo com um sorriso desvanecido de criança, dizia:

— Não quero comer. Estou te dizendo que não quero.

Então compreendi. Ela tinha enlouquecido.

Lá fora, zumbiam poderosamente as hélices dos primeiros aviões, que partiam carregados de ressuscitados.

—Annie — tornei a gritar-lhe —, Annie, você está me entendendo?

E ela repetiu:

— Estou te dizendo que não quero.

Então sentei-me tristemente na beirada da cama e ali fiquei perto dela até que vieram nos retirar.

Descemos por uma escadinha até um bote. Eu ia junto da minha namorada como um morto. Um hidroavião aproximou-se de nós. Annie não pronunciava uma só palavra. Eu segurei sua mão fria. Ela, sua mãe e eu subimos no aparelho ajudados por um mecânico. Então a mãe, quando já estávamos sentados, disse-me em voz baixa:

— Ela sempre esteve doente. Sempre, sabe.

E eu soube nesse momento que o médico de bordo não havia mentido.

O TRAJE DO FANTASMA

Foi inútil que tratasse de explicar as razões pelas quais eu me encontrava completamente nu na esquina das ruas Florida e Corrientes às seis da tarde, com o correspondente espanto de jovenzinhas e senhoras que a essa hora passeavam por ali. Minha família, que apressou-se em visitar-me no manicômio onde me internaram, mexeu dolorosamente a cabeça ao escutar minha justificação, e os jornalistas lançaram na rua as versões mais fantasiosas de semelhante aventura.

Se se acrescenta que um marinheiro freqüentava meu quarto, ninguém estranharia que as más línguas supusessem (entre os lógicos agregados de "oh, não posso acreditar!") que eu era um pederasta, quer dizer, um homem que se comprazia em substituir em sua cama as mulheres pelos homens. Tanto circulou a maledicência, que alguns repórteres caridosos lançaram nas páginas da imprensa marrom, onde ganham o pão de cada dia, esta declaração:

Gustavo Boer não foi nunca um invertido. É um louco.

E santo Deus! Eu não estou louco e sempre gostei das mulheres. Nunca estive louco. Declarar louco um cidadão porque sai nu à rua é um disparate inaudito. Nossos antepassados, homens e mulheres, vagabundearam nus durante muito tempo não só pelas ruas, que nessa época não existiam, mas também pelos bosques e montes, e não ocorreu a nenhum antropólogo tachar essa boa gente de desequilibrada nem nada do gênero.

É claro que o normal tampouco consiste em que um homem saia à rua nu em pêlo. Concordo. Mas só a mentecaptos como os que florescem neste país pode ocorrer que um semelhante tenha as faculdades mentais alteradas por apresentar-se perante seus semelhantes sem roupas que cubram sua natureza. Com um critério semelhante poderíamos tachar de louco o escultor que esculpiu em mármore o adolescente que, sob a forma de uma estátua, exibe no roseiral de Palermo suas graciosas partes pudentas. A título de comentário, direi que vi inúmeras donzelas tímidas olhar a estátua de soslaio, curiosas em saber em quê se diferencia um adolescente de uma jovenzinha, e não ocorreu a ninguém bradar aos céus por isso.

E em última instância, o que diremos dos nudistas, que parecem ser discípulos dos antigos e zombadores adamitas?

Explicações e argumentações foram inúteis. Quando minha mãe me visitou no manicômio pôs-se a chorar copiosamente. Meu cunhado balançava a cabeça pretendendo expressar com esse movimento: "Eu sempre falei que esse espertalhão acabaria mal", e minha irmã lançava o já famoso "Oh, que vergonha para a família!" Depois vieram meus amigos; em todos eles dançava a mesma pergunta na ponta da língua:

— É verdade que fornicava com o marinheiro?

Cansei de explicar cento e trinta vezes o mesmo assunto. Aos que duvidavam da minha virgindade masculina, mostrei-lhes um atestado médico e o resto mandei para o diabo, mas tanto rodou a bola de neve que já não é bola e sim um fabuloso iceberg, desmesurado planeta. Para acabar de uma vez por todas com esses falatórios me vi obrigado a escrever o memorial dos acontecimentos extraordinários que se seguem: com isso abrigo a esperança de que as pessoas compreendam que se saí nu na rua não foi porque acreditasse estar nu e sim vestido. Percebem? Mas vai o senhor fazer entender esse argumento a um médico idiota e a um jornalista irresponsável que a cada três minutos de entrevista consulta seu relógio, pois tem mais pressa em ir encontrar-se com sua querida do que escrever uma boa matéria.

Vítima, vítima da incompreensão humana que me aprisiona como uma fera num estabelecimento de doenças frenopáticas, tenho que me defender por conta própria e preparar-me para ser mártir de uma causa perdida. Não importa. Juro. Meu coração é grande e perdôo a todos a injustiça espantosa com que me ofendem ao me obrigar a tolerar um curandeiro de hálito fétido e pés cheios de joanetes, que cada vez que se aproxima de mim sorri hipocritamente, dizendo-me a título de consolo:

— Estamos muito melhor que no começo, não é, meu filho?

Meu coração é grande. Perdôo todos aqueles que acreditaram por um momento que eu gostava mais dos homens que das mulheres (aí sim seria estar deveras louco) e também perdôo os outros que ainda obstinam-se em admitir que o meu cérebro funciona como um aparelho de rádio com uma válvula eletrônica defeituosa ou um condensador avariado. Magnanimamente perdôo tudo, porque eu sou assim; e insisto: se saí nu para a rua, foi porque acreditava estar vestido; e se acreditei que estava vestido, deve-se ao fato de que regressava de um país onde ninguém tinha me visto nu e sim bem trajado, e mais me valeria não ter regressado nunca, porque ali me chamavam de O Capitão e eu tinha realmente me acostumado tanto a acreditar que era capitão que, sem ter navegado a não ser nos canais do Tigre, sabia de cor as batalhas navais que havia perdido ou ganho, e não existe vagabundo do País das Terras Verdes que não haja aberto a boca como um baleote quando contava como havia torpedeado a esquadra inglesa do Báltico e os prodígios realizados a partir da minha torre de combate quando afundaram a canhonaços o Breslau e o Dresden. Bom, bom... não nos antecipemos aos fatos e vamos por ordem exata de aventuras, pois senão, certamente, correrei o risco de que as pessoas acreditem que enlouqueci e que seja eu quem assassinou o marinheiro.

O MARINHEIRO MISTERIOSO

No prólogo relacionado com minhas desventuras aludi ao Marinheiro. Minha amizade com este perdulário fantasmagórico datava de um acontecimento quase absurdo. Nós nos encontramos um dia indo pela rua em direção contrária. Ele avançou até mim manifestando-se com estas palavras textuais: "Fico muito alegre por encontrá-lo novamente".

Respondi-lhe que não o conhecia de nenhum lugar, e que, além disso, não tinha nenhuma curiosidade por saber quem ele era. Indignado, recuou na calçada perguntando-me aos berros:

— E então, por que você me fez uma banana?

Repliquei que eu era um homem de educação primorosa e portanto jamais faria na rua, e a um desconhecido, uma banana. Então o Marinheiro, piscando um olho zombeteiramente, acrescentou que as minhas razões não lhe davam nem frio nem calor, que na vida existiam coisas mais importantes e a "identificação das almas magnânimas diante de um copo de vinho parecia-lhe uma necessidade formal".

Isso constituía um claro convite a jogar no estômago um copo de vinho e, de braços dados, entramos num boteco imundo. Um rapagão colocou diante dos nossos narizes um garrafão de vinho tinto, acho que era Nebiolo seco. Bebemos essa garrafa e depois outra. Terminadas as duas garrafas saímos à porta do estabelecimento vinhatício e começamos a fazer bananas a todo transeunte que passava, e a colocarmos as mãos em forma de corneta sobre a boca para fazer um ruído semelhante ao que produzem os gases expelidos pelos intestinos.

O dono da estalagem indignou-se e, aos empurrões, afastou-nos do umbral do seu estabelecimento, brutalidade que nós aceitamos, compreendendo que a vida encerra "coisas mais profundas". Traçando ziguezagues, avançamos pelas ruas e o Marinheiro dormiu essa noite feito uma pedra (se é que uma pedra pode dormir), estirado no chão do meu quarto.

Desde esse dia ficamos amigos.

E agora que se apresenta a oportunidade de apresentá-lo, direi que era um trapaceiro grandalhão, com o corpo da cintura até a nuca inclinado para frente. De certa maneira, com braços perpendiculares ao chão como que chumbados, parecia um quadrúmano ao caminhar. Cruzava-lhe a face, da têmpora até uma mancha no queixo, uma tremenda cicatriz de facada, em cuja marca lívida não crescia barba alguma. Afirmava que o havia marcado assim um gigante das Terras Verdes, zona situada do outro lado das Terras do Espanto, mas o cronista supõe, não sem razão, que semelhante tatuagem lhe foi inferida numa briga de rufiões, pois só nas histórias antigas encontra-se menção a gigantes e elas são inexatas, como todo mundo sabe. Por outro lado, se era um gigante que havia brigado com ele, a troco do quê utilizou uma faca? Por sua própria condição, um gigante, para livrar-se de um sem-vergonha, não precisa utilizar uma faca.

Salvo o detalhe da facada e seus aloucados olhos cinzas, nada nele revelava costumes que não mereceriam adornar a figura de um cavalheiro. Ele, como suspeitasse deste detalhe, em vez de refugiar-se numa ilha deserta, vivia quase constantemente em terra, no alto quarto de uma casa cuja construção havia sido interrompida quando os carpinteiros colocavam os batentes das portas. Subia-se à pocilga mediante uma escada de corda, e o grande Cosme (pois assim se chamava) passava a maior parte do dia sentado à sombra glacial da muralha vermelha, escarrando preto e trançando e destrançando uma corda entre suas mãos mais duras que manoplas.

Não podia negar-se que em outros tempos tinha viajado. No entanto, não lhe agradava muito referir-se ao seu passado. Algumas vezes, supus que havia sido pensionista num dos presídios de Nueva Caledonia, mas como sou extremamente discreto, jamais permiti-me perguntar-lhe nada. Ele, ao interrogá-lo, tampouco teria me respondido. Observei que, correspondendo amplamente à minha discrição, não me contava absolutamente nada relacionado à sua vida íntima. Mas, em troca do silêncio que guardava em relação à zona moral de sua existência, era generoso em outro sentido. Assim, mostrou-me as tatuagens que lhe adornavam a pele, desenhos variados e extraordinários. No peito, por exemplo, tinha um elefante estendido de costas e atado pelas quatro patas a quatro palmeiras, enquanto no ventre do paquiderme um casal de macacos dançava um can-can acompanhado por uma orquestra de negros flautistas. No seu braço esquerdo, em compensação, via-se uma mulher correndo com quatro pés, perseguida por um monstro meio homem e meio cavalo. No braço direito exibia uma marina, certo pedaço de ondulação verde-azul, em que flutuava uma bóia com um homem que fumava um cachimbo sentado nela.

Pelas pernas subia-lhe, dos tornozelos até a virilha, uma dupla trepadeira azul, entre cujos talos encaracolados e folhas dentadas abria caminho o descomunal bico de dois marabus de Java, situados nas suas coxas um diante do outro, como dois baixo-relevos numa estrela assíria.

Apesar de sua pele decorativa, o homem vivia castamente e amava os pássaros de penas vermelhas, verdes e amarelas.

Seu orgulho consistia, como disse antes, em rir dos peixes coloridos e em afirmar que todos os capitães que riscavam os mares eram uns garbosos ignorantes da geografia das Terras do Espanto. Estavam mareados pela Rosa dos Ventos, que não era uma rosa e sim um círculo flechado de pontas sem perfume.

Quando se perguntava a ele se havia visitado a Terra do Espanto, respondia afirmativamente, acrescentando que o dia em que ambos tivéssemos vontade conduziria-me até a Taberna dos Cachorros

Afogados. Ali reunia-se a canalha mais conspícua dos três maiores portos do mundo.

Com surpreendente seriedade, garantia que o Canal Perdido estava bloqueado no seu trajeto por diques sujos e empesteados. Entre altos matagais apodreciam carcaças de automóveis cujos donos haviam quebrado. Nos solários, descomunais vagabundos dormiam com a barriga ao sol, ou divertiam-se organizando corridas entre os piolhos gorduchos que tiravam do sovaco, embora os piolhos preferidos para tais corridas fossem os criados no umbigo.

Vários vagões abandonados nos desvios haviam sido transformados em tabernas, onde dançavam, ao som de jazz-bands furiosas, desbotadas "girls" que haviam fracassado em Hollywood, e o Marinheiro afirmava que o homem de mar que bebia o maldito vinho da Terra do Espanto quase sempre terminava sua carreira carbonizado na cadeira elétrica ou desconjuntado por uma punhalada traiçoeira.

Para além da costa e dos desvios, estendia-se um deserto cruel, totalmente vitrificado. Em vez de seguir a lei de curvatura terrestre, prolongava-se liso e reto até o infinito.

Um fabricante de espelhos — dizia ele —, com um bom jogo de diamantes, poderia cortar ali a quantidade suficiente de vidros para ornamentar todos os bares da terra.

A idéia o entusiasmava tanto que um dia, encontrando-se com pouco dinheiro, visitou um vidraceiro pequenino, domiciliado no seu bairro, para propor-lhe o negócio; mas, seja porque naquele dia o outro estivesse de muito mau humor, seja porque o fato dele ter nascido manco e vesgo punha-o fora de si, o caso é que o vidraceirinho, desconfiado, quase manda encarcerar o Marinheiro sob a acusação de tentativa de fraude. Era coisa para rir largamente, porque ninguém nunca podia imaginar que o vidraceiro ranheta pudesse armazenar tanta cólera como aquela que tinha comprimida no seu corpo pequenininho.

Por sua vez, o Marinheiro ficou tão furibundo que pretendeu querelar o vidraceirinho perante os tribunais por calúnias e injúrias. Durante muitos dias diverti-me com os bufidos que a indignação arrancava-lhe.

Para afastá-lo da linha do seu furor, insisti muitas vezes em perguntar-lhe em que lugar da cidade ficava a Taberna dos Cachorros

Afogados, mas o grande Cosme abstinha-se de responder-me. Só uma vez, entre dentes, deu-me a entender que todos os insignes rufiões, de cuja amizade se orgulhava, eram monstrengos mumificados pelo salitre e o iodo dos ventos marinhos. Entendi então que a supracitada vinheria era a taberna dos marinheiros mortos.

Atendo-me estritamente a seu relato, pois nunca visitei a tal taberna, direi que ali os diques estagnavam de lodo e água podre. Carcomidas pelo óxido, as gruas avermelhavam-se sob um céu de azul cândido. Uma chata de ferro encalhada no lodaçal havia se transformado num viveiro de ratazanas atrozes. À noite, as mais gordas, à luz da lua, dançavam como castores sobre duas patas, e o Marinheiro afirmava que nem ele, "nem sequer ele", teria se atrevido a colocar um pé em tal lugar. Mais adiante, dilatava-se o deserto negro e ardente como a sede... e era melhor não falar daquilo por uma porção de razões. Por outro lado, qualquer leitor medianamente inteligente perceberá que o relato do grande Cosme, na sua segunda descrição das imediações da Taberna dos Cachorros Afogados, contradiz-se com a primeira.

Do que foi dito, depreende-se quão extraordinário patife era o Marinheiro e que doloso em seus relatos, aos quais não teria prestado nunca a menor atenção se, contra toda a razão de prudência e senso comum, eu não tivesse embarcado uma noite com ele numa dessas falsas lanchas com que se faz a travessia dos canais do Tigre.

Aconteceu que, tendo quebrado o vidraceirinho (a quem me referi em outra oportunidade) e sido enviados seus trastes para um remate judicial, para festejar o acontecimento, o Marinheiro me convidou para beber. Sou culpado e o reconheço, de não ter me comportado moderadamente naquela eventualidade e, mais rápido do que pudesse imaginar, embriaguei-me a tal ponto que, quando o Marinheiro me convidou para ir à Taberna dos Cachorros Afogados, assenti complacente. Esperava gozar dele fazendo-o acreditar que admitia suas histórias de impossível comprovação e, novamente para festejar o flamante acontecimento, voltamos a beber. Bebi tanto vinho, que, de repente, na própria venda de bebidas, comecei a vomitar como um búfalo estufado de água.

Não dei ouvidos àquela advertência a qual um temperamento religioso poderia chamar divina e, obstinado em que bêbado ou sóbrio visitaria igualmente a Taberna da minha curiosidade, dispus-me a seguir o Marinheiro, quem, e agora vocês comprovarão as manhas do espertalhão, furtou, num descuido do mocinho do armazém, a afiada faca de cortar frios escondendo-a entre sua camisa e o peito.

Compramos os bilhetes na estação Retiro, e quando chegamos ao Tigre, havia anoitecido completamente. Cruzamos algumas ruas de terra e logo chegamos a uma enseada, sinistro poço de água, perdido entre canaviais. Junto a um alpendre destelhado e solitário, jazia amarrado o "transatlântico".

Nunca na minha vida vi cadafalso mais indecente e emporcalhado que aquele.

Tratava-se (meus conhecimentos náuticos são reduzidíssimos) de um imundo sloop de mais ou menos vinte e cinco pés de comprimento, com um longo mastro de mezena no seu centro. Fixado à proa, encontrava-se um motorzinho portátil, oxidado e coberto de graxa preta. Tal era o desleixo do Marinheiro que, para assegurar ainda mais o motor no seu lugar, havia acrescentado nós de arame. A máquina servia para arrastar para fora dos canais a maltratada embarcação, pois como disse antes, jamais vi yacht mais desconjuntado que este que tinha agora na minha frente, com o telhado destruído a tal ponto, que estou certo de que a uma milha de distância podia-se contar os vaus do porão e as tábuas do casco.

Das cabines (que em alguma época existiram) não restava nem sinal. Andava-se pisando diretamente na sobrequilha, e quando o grande Cosme içou as bujarronas e o vento inflou ligeiramente a carangueja e a vela pequena, o sloop não parecia a embarcação de um marinheiro e, sim, a de um carregador de guano. Digo isto porque o velame estava tão sujo, que se diria que algum inimigo do Marinheiro havia jogado merda nele.

Não resta dúvida, depois do que descrevi, que com semelhante ferro-velho não se podia ir muito longe, mas o estado de incoerência em que me encontrava não me permitiu rechaçar categoricamente a aventura, e quinze minutos depois de ter descido o Tigre, estávamos a caminho da famosa Taberna.

Navegamos entre muralhas de sombras formadas pelos bosques das ilhas (não havia lua), e eu apertava o cabo da minha pequena pistola automática, no bolso, não porque o grande Cosme me inspirasse temor, e sim para situar-me dentro do estrito protocolo aventuresco, que exige dos heróis de romance que esgrimam o revólver no seu bolso, enquanto o companheiro, com completa ignorância do que ocorre, está ocupado, sempre e fatalmente, em algo, até que sobrevem o inesperado.

Navegamos, o Marinheiro junto ao motorzinho ofegante como o de uma motocicleta e eu junto ao timão, quando em quinze segundos se desenvolveu totalmente o horrível acontecimento. O marinheiro colocou-se na proa, dentre o peito e a camisa extraiu, com um brusco movimento de braço, a faca de cortar frios e, levantando-a à altura do seu queixo, cerceou a garganta.

Permaneceu um instante de pé junto ao motor; em seguida, com os braços abertos, caiu de costas na água. Instintivamente, lancei-me até ele, bati a cabeça no mastro e caí sobre o travessão, não sei se desmaiado por causa do golpe ou por causa da conjunção deste com os resíduos da embriaguez e a impressão que me causou a explosão daquele acontecimento.

Ao recobrar a consciência me assustei ao encontrar-me em posição horizontal e diante das trevas. Instintivamente, levei a mão à cabeça e retirei-a úmida e pegajosa. Compreendi que era meu sangue e isso me causou tanto horror que voltei a desmaiar.

Quando despertei, intuitivamente compreendi que já não estava no canal, e esta intuição despojada de raciocínio, simples e fria, precipitou tal magnitude de desesperação às comportas dos meus nervos, que me senti projetado fora do planeta, como se tivesse recebido a descarga de um canhão pneumático. Aninhado, deixei-me cair no fundo do sloop e apoiei a cabeça no travessão de madeira, insensível ao colchão de água que sob meu corpo zanzava no fundo da embarcação.

Uma temperatura branda e repugnante brotava dos meus sentidos até as têmporas. Simultaneamente comecei a suar.

Aspirava ar entre os lábios entreabertos por causa do relaxamento muscular. Subia e descia numa superfície elástica que envolvia até a última polegada da minha carne e então, subitamente assustado, tratei de refugiar-me no fundo do yacht e, embora a água que havia no porão me banhasse horizontalmente meio corpo, deixei-me ficar ali, com horror de olhar o espaço lá fora, e durante muitas horas permaneci assim, estendido como no fundo de um ataúde úmido, batendo com os flancos nas paredes da embarcação, indiferente ao castigo que o meu corpo sofria. Dentro dele desarticulava-se uma armação mais viscosa e macia.

Em seguida, voltei a dormir ou a perder totalmente a consciência. Quando despertei, o dia já ia longe, ainda que eu não pudesse precisar a hora. O sol caía obliquamente sobre as madeiras sujas do sloop fedendo a peixe. Para onde se olhava, a extensão esverdeada tocava a base circular da cúpula do céu. Minhas roupas estavam inteiramente molhadas. Despi-me e pendurei-as no mastro, prendendo-as com um prego com receio de que caíssem na água ou que o vento as levasse. O sol começou a aquecer minha pele, quase a curti-la, e lembrando o efeito das queimaduras solares envolvi-me na vela de lona, que estava fervendo.

Às vezes me lembrava do Marinheiro e sua estranha conduta. Não podia restar dúvidas sobre o seu suicídio. O motor e a madeira guardavam rastros de sangue coagulado; mas aquele horrível acontecimento, devido ao seu vertiginoso desenvolvimento, parecia-me distanciado da minha atual situação por um espaço de tempo imenso. Para expressar-me melhor, direi que não conseguia conectá-lo com a realidade que eu estava vivendo. De mim não restava mais que um instinto à expectativa. Não pensava em nada, e mais tarde me lembrei freqüentemente dessa etapa terrível. Eu encontrava-me naqueles momentos sob a sonolência de uma ligeira comoção cerebral.

O que foi feito daqueles conhecimentos que adquiri na escola, as teorias a respeito do melhor modo de viver e filosofar? Esqueci completamente das bibliotecas para me transformar num animal em exclusiva relação com o horizonte, a luz e a temperatura.

Olhava os confins em todas as direções porque dali poderia vir minha salvação, e quanto mais esquadrinhava o horizonte mais importante me parecia, e teria dado toda a ciência do mundo contida nos livros se em troca dessa ciência me tivesse sido permitido obter a salvação do meu corpo.

De repente lembrei que tinha sede. Inclinei-me até o fundo da maldita embarcação. No fundo havia aproximadamente cinco centímetros de água. Sorvi de bruços aquela beberagem insípida, ligeiramente amarga, e voltei a sentar-me na trave apoiando as costas no mastro e espiando o horizonte.

Mas a minha presença de espírito durou pouco. Novamente senti que desfalecia. Minha vontade se desmoronava; de mim não restava uma célula viva que não se desvanecesse numa particular desesperação.

O sloop, seguindo o vaivém do marulho, dissolvia-me no espaço, e só esperava morrer, porque havia renunciado à vida na certeza de que não podia esperar nenhuma salvação. Em ponto algum do espaço distinguia-se uma só mostra de tráfego marítimo. Com as pálpebras semifechadas, estendido junto do mastro de mezena, ao qual acabei prendendo-me com o cinturão de couro unido ao cabo que servia para prender a carangueja, olhava a distância verde-cinza repetida em cada polegada por uma ondulação encrespada de espuma, e umas vezes no alto de uma daquelas pequenas ondas, outras embaixo, sentia-me uma microscópica partícula do infinito. Nada podia fazer contra ele.

Perdi a consciência várias vezes. Inclusive ignoro por quantos dias fiquei em semelhante situação, porque às vezes abria os olhos e o sol estava baixo e resplandecia como um carro de ouro atolado numa planície vinosa e outras, em compensação, avermelhado como um disco de cobre, entre grandes e densas nuvens violetas, aparecia furtivo diante dos meus olhos que tornavam a se fechar.

A última vez que despertei senti uma dor terrível na cintura. Examinei-me e descobri horrorizado que a corrente havia cortado minha pele profundamente com o seu roçar incessante. A água, ao molhar-me, dava-me a sensação de uma queimadura. Tinha a língua enormemente inchada e rasgada. Soltei-me para começar a caminhar pelo oceano. Tal era meu propósito, pois estava delirando de sede e de febre, e nesse transe parecia-me natural caminhar sobre as ondas. Havia gritado durante muito tempo chamando uma empregada para pedir-lhe que me trouxesse água, e como esta não vinha e eu escutava meus próprios gritos, pelo que não restava dúvidas de que não queriam me servir, levantei-me penosamente ao pé do mastro para desatar o nó. Foi nesse instante que compreendi que era de noite. Experimentei uma grande alegria. Se a empregada não me atendia devia-se à noite, e lembro com precisão que me recriminei por ter sido injusto com a criada. A negrura do mar parecia um túnel vazio disposto a tragar-me; ia lançar-me no seu fundo quando descobri uma massa imensa virando vagarosamente a proa do sloop e no seu fundo amarelo perfilaram-se dois canhões de grosso calibre e duas chaminés oblíquas; então, um sobressalto de alegria espantosa, inaudita, fez-me gritar. A direção do forte vento empurrava minha embarcação a todo pano para o píer de aço que traçava um mosaico negro na superfície movediça e prateada da água, e é impossível descrever meus sofrimentos durante aqueles minutos, porque sem poder avaliar a velocidade do encouraçado nem a da casquinha que me levava, parecia-me que o píer desapareceria antes de chegar nele, mas como o yacht não seguia uma trajetória reta e sim oblíqua, lembro que quando cheguei ao corredor de sombra que a nave traçava sobre a água prateada, recebeu um empurrão da marola que a deslocava, e se não tivesse aparecido uma escada de corda caída ao lado, não sei como teria me arranjado.

É verdade que as minhas energias eram escassas, mas a esperança de poder beber mil litros d'água inflamou os músculos dos meus braços; a minha boca se encheu de saliva enquanto pensava nos mil litros d'água e com os braços esticados aguardava que a muralha de aço com a escada pendente passasse diante das minhas mãos. Quando esta passou, lembro que agarrei fortemente uma trave de madeira e como se não confiasse na energia dos meus braços, mordi a trave. Assim subi até em cima, e quando cheguei deixei-me cair na fria couraça da ponte, umedecida pelo sereno noturno. Avidamente pus-me a lamber a chapa de aço. Acreditava morrer de felicidade, e não só bebia com a boca e os lábios ou a língua, mas abria as mãos e esfregava-as com força no chão de aço elevado e úmido, e até a pele dos braços absorvia com tanta avidez a sensação de frescor como minha boca.

Isto reanimou-me o suficiente para colocar-me de pé, e cambaleando vi sobre minha cabeça dois canhões desnivelados projetando a partir da sua torre de combate desiguais cones de sombra na ponte.

Indubitavelmente aquele era um barco de guerra. No alto do mastro trípode da proa, um marinheiro, de costas, olhava com um binóculo para o lugar em que subia a lua. Cambaleando, procurei a entrada para o corredor dos camarotes. Uma débil lamparina elétrica iluminava a entrada, e para ali me dirigi. Todas as portas dos camarotes estavam fechadas e o piso coberto por um tapete de salitre, mas no chão, ao fundo, via-se uma faixa amarela de luz. Como estava descalço caminhava sem fazer barulho e ao chegar à porta do camarote detive-me, pois um oficial, de costas, com a cabeça inclinada, parecia estudar algo num imenso mapa que caía de uma mesa até seus joelhos.

— Com licença, oficial — murmurei. — Sou um náufrago.

O oficial devia ser algo surdo. Reparei que não me escutava, ocupado no estudo de sua carta marítima.

E quando ia entrar sem permissão, aconteceu algo extremamente singular. O oficial girou sobre si mesmo e, ao fazê-lo, descobri horrorizado que sob a viseira do seu boné não havia uma cabeça humana e sim uma caveira de nariz arrebitado, de osso e dentes de prata. As mãos do esqueleto pegaram um compasso...

Recuei espantado.

Procurando por onde sair, tropecei com um esqueleto vestido de marinheiro. Avançava pelo corredor. Passou ao meu lado sem me olhar, postou-se diante da porta, levou uma mão na altura da testa e, rigorosamente em posição de sentido, falou num idioma desconhecido com o oficial que estava lá dentro. Enquanto falava, pude ler na faixa do seu boné o nome de: "A galera galeota".

Já não me restava nenhuma dúvida. Havia caído no encouraçado fantasma. Segui ao longo do corredor, uma porta estava semi-aberta, ensaiei uma última tentativa, e tive que me render às evidências.

No refeitório dos oficiais, sete esqueletos uniformizados, com a graduação dos punhos dos seus paletós pretos, riam em volta de uma mesa repleta de moringas de álcool, e juro que era extremamente curioso ver esses dedos de ossos amarelos segurando os copos de licor e bebendo de um só trago enquanto os maxilares rangiam umas palavras endiabradas que deduzi serem alemãs.

E apesar da porta ranger ao abrir-se e de eu deter-me no centro dela, nenhum deles tomou conhecimento. Naquele instante minha sede era tanta que não vacilei em aproximar-me da mesa e pegar um garrafão de água, pondo-me a beber diante deles, mas nenhum dos bebedores, aparentemente, percebeu o meu ato. Depois de esvaziar o garrafão, tive novamente muita sede e segurei um garrafão de cerveja; bebi até que, semi-embriagado, caí sobre uma cadeira, junto a um oficial que suponho seria tenente de navio. Fumava um cachimbo nauseabundo, e fiquei entre ele e outro esqueleto cuja dentadura era de ouro. Uma rajada de ar teria chamado mais a atenção deles do que a minha presença.

Mas todos esses diversos fatos, a dor que ainda me causava a pele rasgada na cintura, a sede satisfeita, depois a cerveja, produziram em mim um bem-estar otimista. Resolvi aceitar que o fato de que o encouraçado estar habitado por esqueletos ou seres humanos não tinha a menor importância, desde que eu me encontrasse a salvo. Saindo do refeitório, pensei (que curioso é o mecanismo cerebral!) que possivelmente estivera delirando em conseqüência dos sofrimentos passados. Não seria nada improvável que eu me encontrasse num encouraçado real, e em conseqüência da febre... Em seguida, meu pensamento perdeu ilação, abri a primeira porta ao alcance da minha mão, atirei-me sobre um colchonete e imediatamente adormeci.

Quando acordei, tinha a boca pastosa e uma dor de cabeça extraordinária. Dirigi-me pelo corredor até o refeitório dos oficiais; não havia ninguém. Abri um aparador, e descobri um frasco de cerveja e um prato com manteiga salgada e pão preto.

Só então ao olhar-me acidentalmente num espelho, reparei que estava completamente nu e isso se explicava, pois na hora de descobrir o encouraçado foi tal a minha extraordinária alegria que não me ocorreu nem remotamente vestir-me com a roupa pendurada para secar ao sol. Inspecionei o corpo chagado. A corda com a qual me prendera tinha aberto uma ferida na minha cintura. Dei para pensar que, por mais fantasma que fosse o encouraçado, por decoro não podia circular nu entre espectros; quem sabe o que poderiam pensar de mim. Tais eram meus escrúpulos terrestres. Meditando, ocupei a poltrona da cabeceira da mesa, e, enquanto untava conscienciosamente uma fatia de pão com manteiga, disse-me uma vez mais que só minha conduta irregular pôde arrastar-me para tais aventuras. Não havia desculpa. Se eu tivesse sido um homem respeitável, um homem que usasse cuecas de flanela, em vez de agora estar sozinho e perdido a bordo de um barco fantasma, estaria no seio da minha família, possivelmente sentado numa mesa real, desfrutando dos bens concedidos aos homens honestos. Lembrei dos conselhos que na escola uma santa e digna professora me prodigalizara, lembrei-me dos anúncios que as companhias de seguros inserem nos bondes. Anúncios nos quais aparece um progenitor na companhia de duas crianças escrupulosamente penteadas, sentadas numa mesa. Estão harmoniosamente terminando o seu lanche e, de repente, os meninos mostram ao pai, pela janela, um truculento vagabundo que pede esmola porque não praticou a santa virtude da poupança e, involuntariamente, bati as mãos no peito. Meu desespero não me impediu de dizimar o pão e a manteiga. Não era eu, de certo modo, a representação desse vagabundo? Tudo isso acontecia comigo por ter deixado de tratar com pessoas respeitáveis e ter me relacionado com um marinheiro bêbado e louco. Agora me encontrava a bordo de um encouraçado fantasmagórico, entre oficiais esqueléticos, quando a esta mesma hora podia encontrar-me na mesa de um café, tomando vermute na companhia de dois respeitáveis senhores que me falariam sobre suas respectivas esposas ou da engorda paulatina dos seus primogênitos. A tais extremos conduzia a má conduta. Esse era o resultado de não ter princípios morais nem religiosos. Isso me afligiu tanto que repetidas vezes insultei a Deus, mas como minhas inauditas blasfêmias não podiam remediar minha situação e eu estava mais nu que Adão, determinei que a primeira dificuldade a vencer era a de proporcionar-me uma roupa, e então, abandonando o divã de couro, dirigi-me ao quartinho onde noites atrás estava o oficial espectral estudando a carta náutica.

A porta do quartinho estava fechada; bati várias vezes com dedos, mas como ninguém saía para me atender, entrei nele, comprovando que estava deserto. A carta marinha achava-se no mesmo lugar em que a vi na primeira noite; mas sob um beliche, num canto, descobri uma mala de couro. Abri-a e, no seu interior, encontrei um ramo de flores secas, duas camisas de lã e um uniforme com as insígnias de capitão de corveta, que me apressei em vestir. O uniforme ficava excessivamente folgado em mim, mas tratava-se de cobrir minha nudez e não de parecer elegante. Assim trajado, saí descalço para a coberta. Embora tivesse a sensação do movimento da nave no meu corpo, constatei com surpresa que o encouraçado não se movia. Permanecia quieto em meio a uma noite azul, amarrado à margem de uma terra alta e amarela.

Não sei por que motivo o meu coração ficou paralisado durante alguns instantes ao contemplar essa costa alta e gredosa, em que projetava sua funesta sombra o encouraçado solitário, e novamente me lembrei dos anúncios das companhias de seguros e da minha vida irregular, e experimentei um grande remorso, porque uma coisa era gostar de aventuras e sentir-se aventureiro sentado numa cômoda poltrona, enquanto o vento lança a chuva sobre os vidros de uma casa aquecida, e outra, participar como protagonista num emaranhado de situações absurdas. Eu era um homem de paz, e só um fabricante de tijolos podia sentir-se à vontade na presença dessa terra amarela, sinistra como o pátio de um matadouro. Novamente bati no peito com ambas mãos e, em seguida, com os braços cruzados, os dedos rígidos que sobressaíam fora do corpo e a cabeça caída sobre um ombro, fiquei na coberta da nave de guerra como um fantoche. A noite curvada e terrível sobre o oceano que se encrespava na distância parecia fechar um círculo de vida; não havia dúvida: eu tinha me perdido para sempre. E tudo devia-se ao fato de não praticar as virtudes da poupança e por zombar dos homens que respeitavam as leis.

No entanto, eu não era culpado. Constituía o tipo de pequeno burguês sem graça e um pouco cínico a quem seu pé-frio embarca em acontecimentos irrisórios. Deste modo, fui tomando conta da situação no que se referia à minha tranqüilidade, e como não era possível passar a noite de braços cruzados sobre o convés de comando, e além disso, como ninguém me impedia, desci na terra amarela por uma escadinha de madeira. Um silêncio fantástico, quase sonoro, como presença de uma aparente detenção da vida, colmava a solidão redonda.

Comecei a caminhar. Era meu único recurso. Da tripulação do encouraçado não podia esperar nada, pois, dada sua natureza espectral, não podiam inteirar-se da minha existência. Além disso, já estava disposto a aceitar o absurdo. Isto não era tão divertido como nos romances de aventuras, onde os acontecimentos se apresentam ao gosto e paladar dos protagonistas. Agora desejava afastar-me da nave sinistra, sentar-me em qualquer canto da costa amarela, olhar o oceano e dizer a mim mesmo com a melhor das disposições:

"Bom, aqui estou porque vim".

Não era segredo para mim que a minha família se afligiria, que o desaparecimento do marinheiro trapaceiro provocaria um corre-corre enorme; tão certo como dois e dois são quatro que o meu chefe clamaria mais uma vez contra os meus costumes dissolutos, mas eu não era culpado por tudo o que ocorria. Ao próprio Deus pai, colocado na minha situação, não teria restado outro recurso que cruzar os braços e dizer que o mundo passasse sem ele.

A aventura não tinha lógica. Isso nem se discute. Carecia dessa elegância manufaturada para os acontecimentos novelescos, mas eu não podia nem colocar o barco de guerra nas costas, nem travar uma luta descomunal com os oficiais do mesmo, nem descobrir uma mina de ouro. No pior dos casos, minha situação assemelhava-se, ainda que não se queira admiti-lo, a que se pode oferecer a um bom homem que pega um trem, perde o bilhete, e o desembarcam numa estação vazia dizendo-lhe ao mesmo tempo:

— Que se vire, porque a empresa não admite o transporte gratuito de vagabundos.

O que faz um homem a quem acontece tão estúpido percalço?

Ora, se não é um panaca, coça o nariz durante três minutos seguidos e em outro a ponta de uma orelha, levanta a planta mental do edifício da estação, trata de congraçar-se com o primeiro cachorro que passar, e em seguida começa a caminhar docemente pelo povoado desconhecido para inteirar-se de como anda a engrenagem do mundo por ali.

E foi isso que eu fiz.

Comecei a andar distanciando-me do encouraçado por um caminho perpendicular a ele. Como disse, ia descalço.

A terra, extremamente leve, estendia um almofadado de pó sob a planta dos meus pés. Não muito longe dali distingui um semelhante que caminhava com o mesmo passo tranqüilo que eu. Não parecia ter grande pressa nem nada parecido. Acenei para ele repetidas vezes até que demonstrou ter entendido; quando virou a cabeça, fiz sinais com o braço. Seguiu caminhando alguns passos e virou novamente a cabeça; afinal resolveu parar e quando cheguei perto dele descobri que era um negro de cabeça redonda e coroado com vasta carapinha. Usava pendurado no pescoço, da forma mais pitoresca, um par de luvas. Ele, por sua vez, ao descobrir-me uniformizado, cumprimentou-me batendo continência ao mesmo tempo que dizia:

— Às ordens, meu capitão.

O honesto nessa circunstância era confessar-lhe o acidente que estava por trás da aparência do meu uniforme, mas uma rajada de vaidade impulsionou-me a consentir o trato e, bancando o presunçoso, perguntei-lhe para onde ia e o que estava acontecendo.

Colocou-se a meu lado para explicar-me suas desventuras. Tinha começado a andar pelo mundo porque a comissão de boxe do seu país o desqualificara por umas lutas sujas, das quais ele não era de jeito nenhum culpado, e sim "o outro e seu manager".

Bancando o entendido, respondi-lhe que não se afligisse, eu podia recomendá-lo quando chegássemos ao próximo povoado.

Possivelmente ali teria lutas a granel para realizar, pois eu não tinha nenhuma dúvida de que "meus marinheiros tinham chegado".

Ele, por sua vez, perguntou-me que tipo de desgraças lançaram-me na estrada e narrei-lhe que a nave sob minha responsabilidade acabava de sustentar um régio combate com dois dreadnoughts. Afinal, desmantelada por três torpedos, afundou no oceano, desde cujo "ninho de corvos" continuei fazendo fogo sobre os meus inimigos com uma metralhadora, até que não me restou outro recurso que fugir para a terra.

Mantínhamos este diálogo não de uma maneira forçada e sim lenta, e o boxeador, ao mesmo tempo que eu falava, mexia a cabeça, perguntando ingenuidades.

Depois pedi a ele dados de todas as lutas sujas e limpas que disputara na sua vida, dos seus êxitos e projetos, mas, extremamente lerdo de idéias, limitou-se a mostrar a meia-lua dos seus dentes entre as negras bananas dos seus lábios.

Se num primeiro momento me alegrei por encontrar-me com o negro, dez minutos depois de acompanhar-me com sua pessoa estava profundamente cheio. O fulano, salvo as histórias sobre como tinha perdido ou ganho e de referências sobre juízes que conhecia e managers que não me interessavam, não tinha nada que dizer nem muita vontade tampouco. Caminhava como se estivesse fazendo footing, com as cordas das luvas cruzadas sobre as costas e um punho de couro no peito e outro sobre os rins seguindo o ritmo dos seus passos.

De tempos em tempos, o negro virava a cabeça para mim, examinava meus galões dourados e sorria com admiração; depois levantava os punhos na altura dos cotovelos, arqueava o torso e fazia um meio round de sombra no ar, caminhando. Este exercício, suponho que realizado em meu obséquio e para que formasse um alto conceito da sua pessoa, acabava sendo divertido nos primeiros mil metros, mas, ao começar o segundo quilômetro, o negro tornou-se insuportável. Para livrar-me dele, como se diz vulgarmente, detendo-me um momento na planície amarelada, apontei-lhe uma direção e disse-lhe que andando para tal lugar ficava a cidade para onde foram meus marinheiros.

Não sei se o negro estava tão farto da minha companhia como eu da sua, o caso é que me entendeu e começou a marchar na direção contrária à que segui depois.

Durante alguns instantes fiquei olhando como sua figura ia tornando-se cada vez mais apagada e misturada às outras sombras da noite; em seguida, eu também comecei a andar.

Em quase todos os casos, caminhar significa entrar num estado de incoerência, que sobrevem quando, apesar da fadiga, continua-se movendo as pernas. Tal como ocorreu comigo nas primeiras horas de marcha.

No entanto, não tardei a alegrar-me, pois observei que a planície amarela mudava de cor, adquirindo um matiz verde-claro. Numa singular correspondência, o céu, negro sobre a outra planície, azuleava aqui. Distinguiam-se as primeiras estrelas, o que me infundiu um ânimo extrardinário, porque o espetáculo tinha uma similitude terrestre. Novamente meu passado e suas experiências sombrias ficaram relegados à zona do sonho, que pode ou não ter ocorrido, porque quem se preocupa em averiguar o grau de verossimilhança contido num acontecimento que nos parece um sonho e que, além disso, desejamos que o seja?

Logo tive a certeza de achar-me em outro mundo, embora a planície herbosa fosse continuação da sinistra extensão de greda amarela. E era outro mundo, porque subitamente desapareceu o peso dos meus membros e já não senti fadiga.

Avançava agilmente por um prado esverdeado. Claras estrelas fustigavam de luz remota as côncavas distâncias, de maneira que, embora eu soubesse que era de noite, a paragem aparecia envolta numa claridade celeste. Esta luz parecia justificar qualquer harmonia que um instrumento tivesse vibrado, dando a sensação de que ondulava ao rés da terra. Talvez entre folhas secas ou o nascimento de capim.

Localizando aquela paragem com o auxílio de uma topografia terrestre, posso dizer que eu avançava para o norte. A noroeste, aparecia suspensa no espaço a arquitetura fina e curvilínea de um palácio de galerias abertas ao oeste.

Não caminhava apressadamente como alguém erroneamente poderia imaginar. Pelo contrário, avançava devagar, com o corpo excessivamente teso, retardando o inevitável encontro que "tinha" que sobrevir. Porque sabia que me encontraria com alguém!

Persistia em mim uma sensação de doçura, tal como se tivesse sido reduzido às condições de uma criança que sabe que ninguém pode lhe fazer mal.

Há muito tempo não saboreava um prazer físico total semelhante a este. Esparramado pelas inchadas veias dos meus braços, subia desde os joelhos até os ilíacos. Não podia ser de outro tipo aquela sensação que nasce da excecução de um sortilégio. Sim, de certa forma, eu me encontrava no estado psicológico de um homem que, mediante um feitiço, neutralizou uma enfermidade mortal aposentada nas camadas mais profundas da sua alma.

AS SETE JOVENZINHAS

Claro que a minha alegria não era completa no que se refere às virtudes intelectuais. Continha elementos de inteligência animal que possivelmente ali, nessa zona azul, não seriam tolerados.

Simultaneamente, reconfortava-me a presença do palacete com suas galerias abertas e as espécies de bosquezinhos que, formando manchas circulares, permitiam colocar-se em relação à paisagem de maneira decorativa sem destoar dela.

E embora andasse, como disse, erguido, mas retardando o momento da chegada, não avançava grande coisa. Isto, em vez de me alarmar, como teria ocorrido em circunstâncias terrenas, alegrava-me.

Evidentemente, estava satisfeito e, além disso, assustado de poder está-lo.

Há muito tempo que desconhecia um tão total estado de ingênua alegria, festividade espiritual e animal. Meus sentidos entraram num estado de sensibilidade tão supernatural que, involuntariamente, escutava a música da relva. Sob os pés descalços sentia-a deslizar, roçando a terra, com ondulação de ar espesso. Por sua vez, a música dos bosquezinhos tinha notas graves, tangidos de cacos de cobre, de maneira que o sentimento de religiosidade que nascesse em mim ou em qualquer outro visitante não poderia ser excessivo, e sim ligeiramente sério e adequado à coloração noturna que aquietava tudo.

De repente resolvi parar. Não porque estivesse fatigado, e sim porque maliciosamente pensei que me convinha mais me atrasar. Sentando-me num banco de pedra, dei as costas obliquamente ao palacete.

Um agradecimento extraordinário brotava de mim para o

misterioso protetor que havia me encaminhado para essa espessura mágica de onde eu distinguia formas de arquitetura terrestre. Estas eram simples aparências, já que no país dos espíritos os palácios não são necessários. Se eles existem, são unicamente sombras destinadas a decorar a perspectiva e a deixar o visitante recém-chegado ligado à sua pátria planetária por um cordão de beleza.

Que alma tinha se ocupado de mim desde tão prodigiosa altura?

Eu não necessitava de mais nada além daquele espaldar de granito.

Era-me suficiente a paz aprumando meu corpo no banco de pedra, a quietude da noite, a música que ao rés da terra ondulava sem nunca misturar-se aos tons baixos dos bosques de frente arredondada, e onde sucediam-se e sobrepunham-se as notas das árvores com tal simetria que um ouvido muito mais aguçado que o meu teria podido discernir entre o som do abeto e o do cipreste ou da retama.

E enquanto acordado dormitava desta maneira, no intervalo de um piscar de olhos que separa o devaneio do sonho físico, vi avançar em direção a mim, e com passos rápidos, um pajenzinho com calças com aberturas laterais e gibão de gorjeira.

Muito antes de chegar tirou graciosamente o chapéu, e, fazendo-me uma reverência que dobrou-o em meio arco, disse-me uma vez erguido:

— Venho, nobre senhor, em nome de minhas senhoras, e minhas senhoras querem ver-te e dizem-me que te diga que entres com sossego no jardim divino, que nada de mal há de te acontecer, e sim, que te farão feliz na mesma medida em que tu o desejares.

Disse isso de uma tacada só, como personagem de comédia antiga, que nem o estilo o desmentia; traçou outra reverência, cobriu-se com seu apertado chapéu e começou a correr. E eu já não o vi mais, mas fiquei inquieto, mortificado por escrúpulos e receios:

— Como me receberiam as almas que me esperavam? Recriminariam-me pelo suicídio do Marinheiro e pelo abandono do boxeador negro? Aos meus escrúpulos misturava-se certa inveja terrestre. Eu, naquele instante, um dos poucos da minha vida, aspirava ser perfeito como elas e tinha consciência de não o ser. Gostaria de aparecer perante as jovenzinhas sem ter que me arrepender de um só gesto, de uma só falta de delicadeza. No entanto, perante as desconhecidas, só podia ser salvo por algo que eu não podia precisar com exatidão, apesar do meu afã de análise do delírio (porque não resta a menor dúvida de que estava delirando). Sim, eu tinha em mim alguma virtude inclassificável que, apesar de sua potência, fazia-me sofrer. Algumas almas aguardavam minha chegada e sentia-me indigno disso mas, ao mesmo tempo, merecedor daquela prometida festa encantada. A verdade é que acabavam sendo um segredo os méritos pelos quais eu seria acolhido tão afetuosamente.

Não podia desprender-me da minha natureza terrestre. Sentia-me hostil para alguém, ali; hostil não, invejava-lhe, invejava profundamente a beleza dessas almas dispostas a acolher-me amavelmente, e arrependia-me da minha fraqueza. Desejava apresentar-me como um homem a quem toda a força está submetida por ser o melhor.

De repente sete almas desprenderam-se da escadaria. Suas vozes cristalinas, entre o tom grave dos bosquezinhos redondos e o ondular do vento espesso ao rés do chão, colocavam no ar um murmúrio de gorjeio. Ouvi que exclamavam:

— Nosso amigo chegou; nosso amigo chegou.

Avançavam, destacando-se no fundo de azul da noite, as floridas cabeças arredondadas pelas longas cabeleiras. As vestes, grudadas nos seus joelhos por causa da pressão do vento, traçavam no ar sete sinos de cores suaves. Eu não podia apreciar o efeito dos matizes ondulantes, arrebatado pelo encanto dos seus rostos, e em cada uma delas reconhecia uma expressão de juventude e gravidade diferente. A generosidade com que me acolhiam me entristecia. A poucos passos do banco de pedra, detiveram-se.

Agora, as sete fadas, de pé, em semicírculo, sorriam sem olhar-se entre si, como se as assustasse a minha conduta tão pouco efusiva.

Minha situação era naturalmente delicada. Sete jovenzinhas inspecionando-me o semblante, e eu de pé diante delas, inclinando a cabeça ou desviando o olhar para a que era a última à esquerda, mas cada uma observava-me com um afeto tão particular, que eu não teria sentido nenhuma dificuldade em falar confidencialmente com qualquer uma delas, mas não me ocorria o que lhes dizer, vendo-as assim reunidas, e continuava calado.

Então as sete exclamaram novamente e com vozes tão graduadas que pareciam pertencer a um coro:

— Este é o nosso amigo? E chegou...; chegou quando menos o esperávamos!

Naquele mesmo instante senti tal cansaço que, retrocedendo, deixei-me cair no banco de pedra. Apoiei uma mão no espaldar de pedra e a testa no antebraço. Elas rodearam-me com passos dançarinos, e quando levantei a cabeça, as sete se agrupavam ao meu redor. Eu as olhava, e o silêncio que guardavam me fazia muito bem. Do mesmo modo essa claridade azulada, na qual flutuavam as cúpulas das árvores cintilando verdes de gema metálica.

Tinha certeza, além disso, que, ao falar, minha áspera e desagradável voz humana teria ressoado ali como um risco de aço numa placa de vidro.

Decidido a não falar, deleitei-me em observar mais de perto aqueles rostos finos e os cachos que caíam em volta da suas gargantas e os puros olhos amendoados com longos cílios que se fechavam parcialmente, pensativos, e eu não conseguia escolher se deter meus olhos na loira, cuja túnica violácea rodeava com um halo celestial sua carne alabastrina, ou se na morena, cuja veste cor-de-rosa tornava mais luminosa sua epiderme de prata. E as sete, passando seu braço sobre o meu pescoço, aguardavam em silêncio olhando-me fixamente, como se tivessem sido minhas irmãs, e eu unicamente sentia um grande desejo de chorar e de chamá-las de minhas irmãs e não dizer mais nada e morrer assim para sempre.

De repente uma delas afastou-se do grupo e, olhando-me, fez-me uma grande inclinação, e como eu não sou grosseiro, pus-me de pé e também a reverenciei, levando a mão ao peito; em seguida as sete se inclinaram e eu repeti a mesura, e então a quinta, que tinha os cabelos como marcas de azeviche, voltou a se inclinar e estendendo uma mão entregou-me um violino. Depois de fazer isso reuniu-se às companheiras e as sete tornaram a arquear outra reverência e eu lhes correspondi, com meu violino na mão, estupefato de fato, porque não conhecia música, e inclusive ignorava como se esgrime o arco e se coloca a caixa no ombro. E agora que lembro, acho que estava muito bem com o meu uniforme de capitão de corveta.

Mas elas contemplavam-me com tanta insistência, e eu bebia tão avidamente a amabilidade brilhante no fundo dos seus formosos olhos, que compreendi que devia tocar. O suor brotava copiosamente da minha testa, mas devia tocar. Decidi-me. Apoiei o arco nas cordas e o tremor do meu pulso transmitiu-se às crinas que arrancaram uma modulação longa.

E, simultaneamente, as sete levaram as mãos ao peito.

Esqueci de mim mesmo. Adivinhava meu papel.

Apoiei decididamente o instrumento no ombro. Fiz o arco tremer três vezes. Uma magia desconhecida guiava meus dedos. Depois detive-me, completamente dono de mim mesmo. O que era que queria expressar para elas, as sete jovenzinhas? Olhei para elas sorrindo, pela primeira vez. Interpretei o sentido efusivo das palavras com que me receberam:

— Nosso amigo chegou.

Claro que eu era amigo delas, e de suas almas e dos seus sonhos! Cantaria esse sentimento no violino. Minha amizade perfeita, minha alegria flamante, uma alvorada de desinteresse e certa noite de melancolia prateada. Apertei o cabo entre os meus dedos e lancei-me decididamente.

Primeiro foi um trinado suspenso, fragmentado em três tempos, como o de um pássaro que não se atreve a cantar, apesar de ser dono de sua voz, sem ter a certeza de que há outro pássaro na mata que responderá ao seu canto.

Depois foi um gorjeio mais alto, com tons de ouro quente, e reincidi como se o chamado ao outro pássaro solicitasse correspondência; mas o silêncio na mata era rico em densidade e compreendi que não devia esperar mais.

As sete jovenzinhas haviam se apinhado perto de uma árvore e com uma mão no ouvido esperavam ávidas e cautelosas, pelo que precisei recorrer ao encanto das águas: o violino estalou um golpe de cascata nos matagais e o impulso agitado das ondulações transformou-se numa linfa longa e fina, cujos meandros traçava o arco com uma facilidade espantosa.

Depois desliguei-me dos elementos naturais; cantava para minha própria alma.

Era um trinado longo, talvez uma queixa remota, mas desgostoso por causa da reminiscência abandonei-a para recorrer aos sons cantantes, uma série arpejada de trêmulos de prata. E assim como a impaciência de uma garganta de cristal engasga-se em sua própria riqueza, assim, densos, sobrepostos em polígonos como os que formam os feixes de cabelo trançado, surgiram três sons únicos.

Qual três medulas, verde, vermelha e azul, elevavam-se na noite até certa altura, para quebrantarem-se num girassol de gotas irisadas, vertiginoso tremular do arco e arranhar dos dedos.

De repente, as sete jovenzinhas vergaram-se sobre suas cinturas, levantaram um joelho, e sete pés no ar, iniciaram o compasso de uma dança, acompanhada ritmicamente de ligeiros movimentos de cabeça.

Atirei-me em cheio num compasso de ouro e prata, solicitação de forças contrárias que acabaram por coordenarem-se numa melodia que tinha a mesma graça que a inclinação das sete cabeças sobre o ombro, num abandono feminino.

Rapidamente subi de tom, transformei o módulo espesso numa sucessão de coplas e, tacitamente, três das jovenzinhas afastaram-se para um canto, outras três para outro extremo da grande galeria e uma ficou no centro, girando. As notas arrancadas do meu violino subiam como flechas, pizzicato que a solista isolada acompanhava com ágeis saltos nas pontas dos seus pés.

Os sons chegando a certa altura caíam como gotas de água, e os dois trípticos de dançarinas elevavam-se sobre seus calcanhares para em seguida inclinarem-se com o pescoço estendido para frente. Seus seis pés direitos ziguezagueavam no ar uma concêntrica agitação de água, e a solista, girando sobre si mesma como um pião, intentava lentos vôos em que seus dois braços prostravam como os de uma ave que tem as asas quebradas.

Já não tinha medo.

Bruscamente interrompi os staccati para iniciar um repicar brusco, horizontal. Elas, semelhantes a estelas faraônicas, o queixo paralelo ao ombro esquerdo e os braços em ângulo reto, avançavam umas vezes para a direita e outras para a esquerda. Confiante em mim mesmo, iniciei uma melodia de sons curvados como as marcas de uma elipse, que uma vez no avanço lateral as fazia girar com o pé virado para a direita e outra para a esquerda, mas tão rapidamente que as notas pareciam golpes alternados de martelo numa bigorna de prata e outra de ouro.

Queria superar-me. Imobilizei-as com um silêncio na atitude total da dança, posição que era das sete, tesas sobre seus pés tesos e, vertiginosamente, imaginei o canto de uma alegria pura, o poema da felicidade recuperada, canto que pode esperar-se com os braços elevados ao firmamento e os pés castigando o chão, e rapidamente debulhei três sons graves de atenção; as sete me olharam, depois mudei de idéia... Queria ficar sozinho, cantar minha exclusiva alegria, presenteá-la a elas, sem que elas, com a fadiga dos seus corpos ondulantes, de suas mãos ritmadas, das suas ágeis pernas, embriagassem-me de voluptuosidade e, então, fiz-lhes com o arco, entre o intervalo de dois sons, um sinal.

A noite morna e azulada continuava flutuando sobre os bosquezinhos arredondados. Para o oeste, o céu adquiria um verdor de esmeralda puríssimo. Escassas estrelas acendiam suas tochas de alumínio. As sete fadas deixaram-se cair ao pé de uma árvore. Segurando os joelhos entre as mãos as que apoiavam as costas na árvore, e recostadas a seus pés as quatro restantes. Estas apoiavam uma face e a têmpora na mão. Com o cotovelo encravado na relva, dispuseram-se a me escutar.

Decidido a cantar a faminta sede de altura que havia padecido, comecei com um gemido subterrâneo. Zumbido de vento, que se trunca e escapa pelas angulosas obscuridades de uma mina de carvão.

O zumbido avançava vertiginosamente para sua explosão, tornando-se grave como se passasse pelos tubos de um órgão ondulado. Num crescendo de tempestade, aparecia o debate da alma na sua luta sem piedade com os monstros do bosque da vida, cada nota estridente parecia talhada por um bisturi; os dois acordes sangravam fragorosos. A estrutura daquela grande composição amontoava-se como o vento sob as pontes, estratificando-se verticalmente em grandes árvores de sons, até que, no fim, a superposição de tons alcançava o tumulto da tempestade.

Essa massa tosca de vozes pareceu, de repente, ser cortada ao rés por uma afiadíssima navalha. As notas ficaram niveladas. Da superfície escura e triste soltou-se entre abóbadas de silêncio uma vozinha cristalina.

Adquiria fluidez à medida que se acentuava, retorcia-se sobre si mesma, como se projetasse numa tensão de mola o próximo tremor de um címbalo de bronze, e então vacilei temeroso:

Essa nota chegaria a escalar o céu?

Imprimi maior violência ao arco. Foi como se rompesse uma catedralesca torre de cristal. Atrevi-me e insisti. Os sons rangiam agora o rachar de um imenso paralelepípedo de cristal, cada vez mais rapidamente, até que ficaram colocados na clave mais alta.

A primavera surgia do meu instrumento. Cada nota de vidro, de ferro, de cobre ou de prata denunciava um orgasmo em flor, uma abertura de ramagens morenas no azul de nácar do espaço, uma curvatura de jardins verdes.

Subitamente os meus olhos encheram-se de sono, os tendões dos braços, de reumatismo. Não podia sustentar as mãos.

Elas, as sete fadas, ficaram de pé e olharam-me sorrindo. Sentia que caía; iam tomar-me entre seus braços quando, em cada um daqueles queridos rostos, vi desenhar-se o espanto. Nunca esquecerei a lentidão com que virei o rosto e como espiei com o rabo-do-olho: quem provocava nosso espanto era um orangotango que se aproximava dando saltos de sapo, revestido com uma dalmática de seda preta engessada por todos os lados.

Era seguido por uma cáfila de deformados pavorosos, crâneos como se fossem melões perpendiculares, olhos vesgos e narizes aduncos, compridos ou achatados. Alguns apoiavam-se pelo sovaco em muletas, arrastando pernas enfaixadas, outros avançavam dando saltos sobre seus cotos e a palma das mãos. Entre a tropa ouvia-se o ronco bestial de um porco cabeçudo e cegueta, atrelado a uma velha, que trazia a cabeça envolta num lenço amarrado em forma de funil. Um menino gordo, de camiseta, mostrava sua fuça lívida e leonina. De repente, do meio desta terrificante horda, escapou o alarido amargo de um trompete, um manco repicou as baquetas na pele de seu tambor e, quando um velho com um tapa-olho de verniz sobre um olho desprendeu-se do grupo tumefato, uma voz entre as jovenzinhas exclamou:

— Fujamos. É o Rei Leproso.

E eu, apesar do meu uniforme de capitão de corveta, comecei a correr desesperadamente.

A CIDADE DAS MARGENS

Corri durante muito tempo, umas vezes caía por terra, e, assim caído, continuava me arrastando, e quando recuperava forças para respirar, continuava correndo, e durante muito tempo foi noite naquela correria horrenda e sem rumo. Se virava a cabeça acreditava ver atrás de mim o orangotango, que se adiantava com saltos de sapo, ou escutava o ronco bestial do porco cabeçudo e cegueta, atrelado à velha leprosa.

Estava definitivamente perdido. Cruzava diabólicas zonas vegetais, que lançavam desde a terra seus tentáculos botânicos, e durante dias intermináveis, preso de uma angústia mortal, debatia-me entre pegajosos cipós, cujos braços peludos como os das aranhas retinham-me pela cintura, mantendo-me ali, entre o desconhecido da terra e o negro do céu, vertical e desesperado. Depois, os arcos afrouxavam-se e eu começava a correr.

Uma vez me ocorreu que se galopava tão obstinadamente era porque fugia de mim mesmo, e então, extenuado, deixei-me cair na planície pastosa e gemi o meu desespero.

A terra era ali uma sucessão de montes e colinas, vales e quebradas, totalmente repleta de bosques.

Penetrava em selvas formadas por árvores delicadas e jovens, e internava-me em direção ao inferno verde por picadas profundas, abertas por desconhecidos. Havia instantes em que perdia tão totalmente o senso de direção, que parecia que flutuava no centro de uma esfera verde. Quando cansava de caminhar, sentava-me sobre o tronco de alguma árvore derrubada pelo raio ou pela tempestade. O ar esfriava bruscamente e eu, fazendo um esforço tremendo, levantava a cabeça. Ciclópeas muralhas vegetais dentavam com seus altos montes de verdura um céu alaranjado ou azulado. Perto dessas árvores de nomes desconhecidos o homem parecia menor que uma formiga ao pé de um eucalipto.

Às vezes me detinha em minha marcha para deixar passar pelo caminho escamados cipós da grossura de um braço ou de uma coxa. Estes monstros pareciam ter a pele polvilhada de limalhas furta-cor, ouro, vermelhões, violetas e preto de fumo. Costumavam estar suspensos por um ramo ou enroscados a um tronco, mostravam suas bocas triangulares, de dentes irregulares, como terríveis serrotes.

Desinteressava-me pelo momento em que vivia, mas para conhecê-lo, bastava levantar a cabeça: via lá, na costa das alturas prodigiosas, declives tingidos de um amarelo triste, e então, estremecido de frio, batendo os dentes, continuava caminhando com a cara caída para o chão.

Caminhar converteu-se em minha segunda natureza. Fazia-o automaticamente, dormitando, surpreso muitas vezes por encontrar-me andando, porque supunha-me deitado, ou morto, ou no topo de uma árvore. E não, não estava deitado, nem morto, nem na copa da árvore.

Caminhei uma semana ou mais submerso na água até os joelhos. Entrei num pântano coberto de flores brancas. Estava perdido e possivelmente dava no mesmo se caminhasse numa direção ou noutra. Cada vez que levantava um pé e abaixava outro, a água cacarejava seu aquático chec-chec, e as flores brancas estendiam suas pétalas em tal extensão que parecia que eu caminhava numa planície de borboletas adormecidas.

Não sofria os efeitos da fome nem da sede. Quando me sentia extremamente fatigado, subia numa árvore e, encolhido na forquilha, dormia como um macaco grande, entre os ameaçadores silvos das serpentes enroladas. Uma lívida claridade de crepúsculo esverdeado atravessava o espaço como a luz irreal de uma decoração de teatro. Ao despertar, empreendia a marcha, como um autômato. Não restava em mim um só resíduo de desespero que não tivesse derramado em grossas lágrimas. Queria chegar. Era a única coisa que sabia. Onde... não sei..., mas queria chegar.

Finalmente, uma noite quando já estava disposto a deixar-me afogar na tersa planície de água e flores brancas, bati de frente com a moldura da marisma, e não digo margem e sim moldura porque aquela era uma costa alta, empinada, pétrea e austera, como o cenho de um homem mau.

Desmaiando de cansaço, apoiei a testa na pedra, e aquela muralha imensa devolvia sua realidade ao pântano que deixava para trás, porque agora a água em contato com a pedra recobrava um som ao qual os meus ouvidos não estavam acostumados, ou talvez o tenham esquecido na terrível marcha, e então, repentinamente, temeroso, comecei a escalar a costa.

Subia o penhasco, ajudando-me com os pés, os joelhos, os cotovelos e as mãos, e rasguei a carne dos braços, a curva do ventre e a pele seca dos joelhos, mas era tanto o meu afã de escapar da planície, das borboletas adormecidas, que todo sacrifício pareceu-me o preço adequado dessa fuga.

Quando alcancei a planície da margem, deixei-me cair no chão, e possivelmente permaneci nessa posição por vários dias, até que, recomposto das minhas fadigas, acordei diante de um crepúsculo.

Senti uma sensação estranha. Encontrava-me numa planície confinada por um mar empinado para o céu, e com tal ângulo que parecia uma esplanada sombria, embutida na mais alta abóbada...; mas entre ela e essa terra onde eu me encontrava interpunha-se o abismo de bosques nos quais durante meses caminhei nas trevas. E recordando de meus padecimentos, deixei-me cair sobre a terra e pus-me a chorar amargamente. Em seguida me pus de pé e olhei o panorama que ficava às minhas costas.

Uma cadeia de montanhas mutiladas, cristadas como serrotes perpendiculares, corria de este a oeste, e tão igualmente azuis que não pareciam de pedra, e sim de neblina congelada no ar.

Olhando ao redor, descobri vários caminhos traçados pelos pés do homem, e todos em direção à cadeia de montanhazinhas; e efetivamente, cinco dias depois de começar a andar por ali, sem percalço digno de nota, cheguei à cidade das margens, cujo nome não pode ser dito porque é um segredo; e conto o que vi em estilo enfático, porque esta é uma das cidades das que somente se pode conversar com palavras escolhidas e rodeios cuidadosos.

Estava edificada às margens do mar lamacento, sobre penhascos perpendiculares a uma planície de lodo que às vezes cobria o mar. E não era estranho ouvir os pescadores contarem que, quando a maré baixava, às vezes seus anzóis ficavam enganchados nas junções e nas fendas das muralhas cobertas de lodo.

Segundo a tradição dos homens das margens, estas muralhas pertenciam ao recinto interior de uma cidade que eles, os homens das margens, diziam ter sido sede do rei que houve.

Os homens das margens alimentavam-se dos peixes mortos que a maré deixava abandonados ao retirar-se da planície de lodo e não tinham trato algum com os homens da cidade, que se untavam de óleo aromático, usavam grandes barbas e moviam com suficiência seus enormes ventres de pesadores de ouro.

Eles tinham construído uma cidade grande, tumultuada e apinhada, como convém que seja uma cidade de homens cruéis, débeis de pernas e com mãos ágeis para contar dinheiro. Os jardins desciam em degraus, entre muralhas de pedra e colunas de cobre. O centro estava ocupado por fileiras de lojas de dintéis baixos e cavernas negras. Ali guardavam os tesouros com que compravam a indulgência para seus pecados e a alegria que solicitavam suas torneadas panturrilhas.

Apesar disso, era uma cidade estranha porque costumava-se encontrar nela espíritos cujos corpos estavam trancados nos manicômios da terra.

Estes espíritos diziam, cinicamente, que a utilidade dos manicômios consistia em colocar fora de perigo o corpo daqueles cuja alma cumpria certas necessidades de viagem, das quais não convinha falar com os que não entendem.

Mas quando um habitante da cidade cujo nome não pode ser dito encontrava-se com um cidadão da terra, procedia como se não visse nem escutasse nada do citado colóquio, da mesma maneira que nós procedemos quando estamos em companhia respeitável e contra nossa vontade temos que escutar palavras inconvenientes.

É claro que, apesar de seus jardins em degraus e de suas colunatas de cobre, não se pode afirmar que essa fosse uma cidade alegre, já que abundavam ruelas escuras constituídas unicamente de edifícios com fachadas de pedras de dois ou três andares. As casas destinadas a operações comerciais tinham portas baixas, de batentes excessivamente grossos, e quando se perguntava a eles porque haviam construído portas tão sólidas, replicavam sorrindo ironicamente:

— Para nos defendermos das invasões dos leões.

Ali dentro se distinguiam largos balcões pintados de vermelho e verde, e atrás de cada balcão um negro tinha a cabeça dobrada sobre um ombro. Estes negros, quando discutiam violentamente, falavam em voz baixa. Alguns tinham um olho preto e outro azul-claro e fumavam uma erva fina como pêlo de gato que fazia sonhar nos bosques e esclarecia os segredos dos deuses menores.

E havia um gênero de comerciantes muito singular, em cujas lojas podia-se comprar sonhos. E os vendedores de sonhos eram homens taciturnos, de palavras medidas e babuchas violetas, aos quais alguns chamavam de dignatários do Inferno, e outros, fidalgos do Céu, e que quando andavam pelas ruas faziam-se preceder por quatro escravos com sinetas, levando cada um a ponta de um imenso cofre, apoiada no ombro. E não efetuavam tal passeio nem caminho para negociar com sonhos, e sim porque quando um desses homens exibia-se de tal maneira era para ir renovar seu stock de mercadorias numa zona na qual só pouquíssimos mortais podiam entrar.

Depois me inteirei de um detalhe singularíssimo, que consistia em que dentro do cofre, amordaçado para que não gritasse e amarrado para que não escapulisse, os comerciantes levavam um garoto vivo, que degolavam entre árvores singulares, e quando o sangue do menino vertia na terra fresca, sua emanação atraía os espíritos dos sonhos que estes traficantes comercializavam.

Outro setor da cidade estava construído como as nossas, com arrogância e soberbia. Jamais profeta algum havia cuspido nas suas fachadas nem ameaçado os tetos de ardósia e telhas de ouro com seus punhos irritados. Nesta zona da cidade não entravam jamais os homens das margens, a quem os da cidade chamavam de os assassinos. Os assassinos viviam, como disse no começo, do deserto, e seus membros podiam casar-se unicamente com as filhas dos homens das Terras Verdes, que eram terras altas e minadas pelas cavernas. Quando falavam dos homens da cidade tinham que fazê-lo de joelhos, e isso ocorria porque os homens da cidade tinham o dinheiro, e tanto é assim que, quando os homens da cidade falavam do seu dinheiro, riam, e o ventre, seguindo os borborigmos de suas gargalhadas, amedrontava os que se alimentavam de peixes podres e fungos escarlates.

E entre os forasteiros já estava consagrado o costume de não lhes perguntar que destino davam aos seus carregamentos de ouro, pois aquele pessoal era cheio de restrições misteriosas, e assim, outro dos segredos que mantinham sob o mais rigoroso silêncio era a sorte dos seus mortos, e nenhum viajante atrevia-se a perguntar-lhes, pois fazer-lhes esta pergunta era inferir-lhes uma gravíssima ofensa; toleravam que se falasse mal da cidade, e inclusive cumprimentavam você amavelmente se os insultava, pois a cortesia era ali rigorosamente observada, mas de modo algum permitiam que lhes perguntassem pelo caminho que seguiam seus mortos, embora eu tenha escutado um vagabundo das margens de pedra contar que seus mortos eram entregues a um pássaro poderoso que se chamava Roc, e que o dito Roc levava-os para a região que não tem nome no idioma deles. Acontecimentos aos quais não posso dar fé.

Também havia outro costume, e era que tocasse um sino; quando esse sino tocava, as ruas enchiam-se de mulheres. Eles diziam que essa era a hora em que suas mulheres passeavam, embora eu não saiba se isto é verdade ou não, pois nunca vi nenhuma mulher naquelas ruas, ainda que, sim, tenha escutado no ar algo como toques, e o mesmo vagabundo de que falei antes me comunicou confidencialmente que essas mulheres estavam envoltas em véus tão sutilmente tecidos que as tornavam invisíveis. É provável que assim fosse, porque há outros detalhes extremamente curiosos, e que não vêm ao caso, que eram como o atributo e a dignidade daqueles cidadãos amarelos e redondos, cujos azeitados olhos fulguravam de furor se os injuriassem chamando-os de "filhos das Terras Verdes".

Naquela época vivia eu na periferia, perto do bairro dos tintureiros, na casa de um encantador de metais. Denominavam-se encantadores de metais os escravos que conheciam o segredo de fazer com que um metal, ao ser golpeado, emitisse o som da voz de uma mulher, ou do silvo de uma serpente, ou do canto de um pássaro. O encantador de metais trabalhava unicamente nas noites em que o oceano chorava pelas almas dos mortos que estão dissolvidos em seu salitre e em seu iodo. Era um homenzinho vesgo e silencioso, avesso às conversas sobre as habilidades da sua profissão. Eu morava na casa deste homem em virtude de uma ameaça terrível que lhe havia feito.

Como disse, estava morando na casa do encantador de metais, quando os cachorros choraram ao lamber as poças d'água, e se me restava alguma dúvida de que aquele desastre fora preparado pelos deuses, descontentes com a cidade, essa dúvida será dissipada por um singular acontecimento de que fui testemunha na casa do encantador dos metais.

À meia-noite, acordei escutando que alguém encostava-se muito suavemente na soleira da porta do meu dormitório. Voltei a dormir, mas pouco tempo depois voltei a ser acordado por ruídos surdos e choques amontoados e profundos. Levantei-me e corri na ponta dos pés até a porta para olhar por uma fenda da veneziana, e o que vi foi um leão que esfregava um flanco contra o tronco da palmeira que havia no jardim. Um terror tão maravilhoso entrou em meu coração que, arrastando-me pelo chão, com o ventre grudado no piso, cheguei até a cama. E desmaiei.

No dia seguinte, quando contei ao encantador de metais o que havia acontecido, ele começou a rir com um riso falso e disse que eu estava enganado.

E todos os habitantes da cidade, cujo nome não pode ser dito, negaram-me terminantemente que fosse verdade o acontecimento a que fiz referência; inclusive mais de um disse-me com descortesia, imprópria em pessoas tão amáveis, que eu era um fabricante de embustes e de maledicências, e que não tinha o direito de abusar da hospitalidade que recebia fazendo circular fofocas inverossímeis. E um pesador de ouro, que tinha a barba preta recortada em forma de estrela com várias pontas sobre seu peito robusto e que vestia uma magnífica túnica escarlate, tecida com a baba de um peixe raríssimo, e que dá direito aos que usam esta túnica a zombar de Deus, expulsou-me da porta da sua loja, enquanto me injuriava atrozmente e pedia a seus protetores que me castigassem com a lepra sorridente, que é uma enfermidade impossível de se descrever e que cobre todo o corpo de manchas que parecem lábios sorridentes.

Foi então quando, caminhando para o coração da cidade, vi os cachorros que choravam amedrontados, depois de ter submergido os focinhos nas poças d'água, como se quisessem advertir aos habitantes da cidade, cujo nome não pode ser dito, de um perigo que ninguém compreendia, e muito menos eles, porque a eles, que amavam o ouro, as altas divindades fecharam-lhes os olhos do entendimento. Eu caminhava imensamente triste. Pensava que na terra zombariam de mim quando dissesse que havia descoberto uma cidade onde os homens que pesam o ouro usam barbichas em forma de estrela e têm direito, se adquiriram uma túnica de baba de peixe, a zombar de Deus.

Chegou meio-dia, e quando ia entrar na rua dos Pescadores de Prata (porque havia a rua dos Pescadores de Prata e a dos Pescadores de Ouro, e nesta rua, por exemplo, não se podia trocar moedas de prata), vi com um misto de assombro e espanto que das junções das pedras que lajeavam a rua vertia água, e vi também que os comerciantes e os pescadores de metais fechavam com pressa suas lojas, e em poucos minutos as ruas por onde eu caminhava ficavam desertas e trancados os estabelecimentos como em dia de rigoroso perigo, e quando cheguei à rua do Açafrão, onde todas as fachadas pintadas de amarelo avermelhado apregoavam a indústria dos seus habitantes, a água já me cobria os pés. Quando cheguei na rua do Ferro tinha os joelhos submersos. Nessa circunstância tropecei e ao cair engoli involuntariamente um gole d'água; percebi então porque os cachorros choravam ao lamber as poças: a água era excessivamente salgada. Lembrei então da cidade submersa, da qual falavam os habitantes das margens, e mais pavor entrou no meu coração.

E aconteceu algo que é incrível. A água subia sua linha azul pelos rebordos de todas as muralhas; quer dizer, que num mesmo nível, em determinado lugar, cobria um gramado, e em outro, um nicho.

E, de repente, apareceram nas suas chalupas os homens das margens, a quem os donos do ouro chamavam de os assassinos. Os assassinos traziam cações amarrados por correntes de couro, e os atiçavam ao mesmo tempo em que gritavam diante das portas dos moradores da cidade. E a água subia, mas nenhum daqueles homens que pesavam ouro abandonava seu esconderijo, como se temessem a vingança de seus escravos.

Durante três dias e três noites a água cobriu os telhados de todas as casas; depois retirou-se, e agora a cidade cujo nome não pode ser dito está coberta de lodo e suas portas cercadas de musgo. Às vezes, quando um teto desmorona, vê-se no interior um cadáver abraçado a uma grande arca que provavelmente contém metais preciosos, mas os assassinos, indiferentes, passam o dia na margem lamacenta, estirados ao sol. E quando a maré sobe, a água em anéis de espuma molha os seus pés; mas eles não se incomodam e deixam que os cações lhes tragam entre os dentes os peixes que necessitam para se alimentar.

Finalmente, os homens das Terras Verdes resolveram presentear-me com um cachorro, que é o obséquio com que se acolhe ao viajante que se deseja perder de vista, e eu chamei o meu cachorro e disse-lhe estas palavras:

— Filho das Terras Verdes: acompanharás teu amo pelo mundo e o proverás de alimentos porque tens o focinho precavido e sigiloso como convém a um bom cão de caça.

Mas minhas palavras não surtiram o menor efeito, porque não só não se lançou ao mar para pegar peixes que me alimentariam, como também, jogando-se melancolicamente na terra, começou a gemer suavemente como uma mulher. E então senti medo do meu cachorro e comecei outra vez a caminhar sozinho.

O que não conheci neste ano de vagabundagens!...

Fui amante de Gladira, a rainha do país das amazonas, onde todos os anos nuvens de jovenzinhas flecham os machos novos que saem das suas cavernas a uivar nos prados enluarados.

Conheci Astapul, a terra dos camponeses fortes que mutilam os braços, línguas ou olhos dos seus escravos, de acordo com as necessidades da lavoura ou granja. Os camponeses de Astapul têm perfil cartaginês e viajam montados em mulas gorduchas.

Visitei Pojola, a terra das deusas loiras e dos guerreiros que deixam um pente pendurado, quando vão combater. Se os dentes do pente destilam sangue, é sinal de que o guerreiro morreu. Em Pojola as virgens bebem tonéis de cerveja e lutam no muque com os ferreiros andantes e os atiradores de bolas.

Vi julgar uma alma que à luz do sol no deserto se mostra no céu durante a noite, e compreendi como morre "para toda a eternidade" o espírito de um malvado.

E um dia, quando farto de caminhar pelas terras que estão à margem da nossa, entrei por um caminho margeado de ligustros e achei minha casa e saí na rua, as pessoas acharam que eu estava nu porque possivelmente não viam meu traje de capitão, acusando-me, além disso, de homicídio e pederastia.

Por isso escrevi essas linhas que são o testemunho da minha honrada vida.*

---

*) Gustavo Boer foi detido sob a acusação de assassinato de um marinheiro, que foi encontrado morto no seu quarto. Boer, para simular ter cometido o delito num ataque de loucura, saiu nu na rua. Seu próprio relato do processo, em que ele quer que nós acreditemos, reflete seu estado de anormalidade; apresenta-nos a um imaginativo poético completamente normal. Como supõem-se, Boer será condenado apesar das suas tentativas de passar-se por demente. (Nota do autor)

APÊNDICE

SOS! LONGITUDE 145°30', LATITUDE 29°15'

No começo naquele nefasto cruzamento de San Francisco a Honolulu, jamais garotas americanas haviam se divertido tanto com um homem do Sul como na minha companhia. Naquela época eu falava um inglês de cão; mas o que terá a ver o inglês com a "Travessia do Terror", como foi chamada mais tarde?

Acabo de examinar uma fotografia relacionada com aquele acontecimento que em poucas horas embranqueceu o cabelo de mais de um intrépido marinheiro. São cabeças, costas de multidões detidas diante das vitrines dos jornais, lendo nos painéis notícias telegráficas referentes à nossa agonia.

Que vinte e quatro horas de horror! E o Pacífico sereno, e o sol luzindo, luzindo no céu como se quisesse multiplicar as ânsias de viver dos condenados à morte. O horizonte sem uma nuvem e o *Look Suzane*, o *Blue Star* e o *Red Horse* deslizando num círculo de carrossel "para um eixo de pavor desconhecido". Assim o denominou o correspondente do *Times*. E não deixava de ter razão.

O público, detido diante do painel dos diários, acabava por compreender, estudando a espiral desenhada com giz — que envolvia uma periferia de trezentos quilômetros —, qual era a real situação dessas três naves. Três naves perdidas, perdidas sob um céu azul, sem tempestade, com as máquinas em perfeito estado de funcionamento, com os cascos sem uma rachadura e com as tripulações e os passageiros atemorizados na borda, agarrando-se nos braços dos oficiais taciturnos, alguns dos quais acabaram por estourar os miolos.

E tão deliciosamente como começou a travessia! E tão docemente calmo como estava o oceano! E tão luminoso como surgia o sol todas as manhãs para cumprir seu ofício no horizonte!

Saímos de San Francisco no dia 17 de outubro. Eu ia adjunto à Comissão Simpson, que devia examinar a eficiência de uma nova patente acústica para sondar as grandes profundidades do Pacífico. Em Honolulu, faria a baldeação para o navio sonda "H-23". Enquanto isso, divertia-me. Não posso jurar que o aparelho acústico e as profundidades oceânicas interessassem-me violentamente, mas a perspectiva de aventuras e desembarques em praias indígenas, as dívidas em terra, a cara fechada que os meus parentes faziam ao ver-me aproximar de sua mesa, determinaram-me a lançar-me ao desconhecido. O desconhecido, neste caso, era a Comissão Simpson, a qual devia juntar-me em Honolulu. Não sei por que, sempre tive a secreta convicção de que meus parentes tinham a esperança de livrar-se de mim mediante o auxílio dos antropófagos que ainda supõem que existam nas ilhotas dos mares do Sul.

Além de algumas famílias inglesas, viajavam no *Blue Star* alguns senhores exóticos, entre eles um árabe com pantufas, chilaba e fez. Que Deus amaldiçoe o árabe! Provavelmente ele atraiu a desgraça sobre nossa nave. Ninguém tira esse disparate da minha cabeça. O homem vagava, taciturno, de um convés a outro, exibindo seu perfil de cera dourada, sua barba azeviche, seus olhos amendoados e sua cortesia ao saudar sinistramente as damas tocando sua testa, os lábios e o coração com os dedos da mão. Este patife acabou por transtornar uma velha escocesa cujo rosto parecia uma peneira de sardas e que transportava uma *Bíblia* descomunal de uma rede a outra. Ao terceiro dia de navegação, a velha escocesa estava decidida a converter o árabe do islamismo ao anglicanismo..., mas esta é outra história. Também vinha a bordo um insigníssimo fraudador. Todo mundo sabia disso, mas ninguém se irritava com essa particularidade. O fraudador também lia a *Bíblia*.

Ao quarto dia, perdendo tempo entre o céu e a terra, descobri um segredo. O médico de bordo, assim que os passageiros metiam-se na cama, reunia-se com o senhor X (nunca consigo lembrar o nome do senhor X), agregado comercial da embaixada dos Estados Unidos no Japão, um pintor mexicano e outro senhor que eu não poderia garantir se era um filósofo ou um contrabandista de ópio. Estes quatro cavalheiros, em rigorosa ordem, introduziam-se no consultório do médico, abriam uns frascos com tremendos rótulos que diziam "Veneno", e bebiam até que, ao amanhecer, confundiam alegremente suas respectivas camas. Vendi meu silêncio pelo direito de usufruir os frascos de veneno. Assim, embriaguei-me quatro noites seguidas com um nobre uísque de indiscutível procedência escocesa.

Durante o dia, quer dizer, durante a tarde, seduzia as inglesinhas, declamando num "english" bárbaro e desaforado parágrafos de *Romeu e Julieta*. As senhoras riam às gargalhadas, vendo-me arremedar Otelo, com a cara enegrecida de betume e envolto num lençol. O árabe autêntico, o da chilaba, das pantufas e do fez, ao passar, dirigia-me um olhar saturnal. Provavelmente invocava o rigor de Sidhi Mahomet sobre meus maus pensamentos.

Assim passaram-se seis dias de navegação, até que sobreveio o dia 23 de outubro.

Tinha me deitado tarde. Meu amor por Annie progredia. Ah, Annie, Annie! Nunca conheci criatura mais deliciosa, apesar da química industrial. Porque Annie era engenheiro-químico. Que grande e terrível é o mundo!, como dizia aquele amigo do Amigo das Estrelas. Aquela noite, Annie, apesar da sua química, tinha passado seu braço morno sobre meu pescoço peludo, e eu permanecia em êxtase, apoiado na borda. O vento cálido aderia o vestido às suas formas e as moldava. Em que céu eu estava naquele momento? Não sei. Mas quando ela sussurrava um "my sweet heart", tenho certeza de que se me pedisse para assinar minha sentença de morte não vacilaria.

Deitei-me ao amanhecer. Quando me detive diante do guarda-roupas do meu camarote, tinha a cara tatuada de marcas vermelhas. Era a pintura dos seus beijos.

Deitei-me ponderando as probabilidades que tinha de desistir da minha absurda viagem de sondagem das profundidades do Pacífico. Não seria mais conveniente seguir com a família de Annie até Xangai? Eu bem que poderia dedicar-me à química, na China. Este pensamento contribuiu para que adormecesse na satisfatória medida que se supõe que acompanha os homens de boa vontade.

Isso foi no dia 23. No dia 24, pela manhã, alguém sacudiu-me violentamente, puxando-me por um braço. Levantei-me sobressaltado. Era o senhor X (maldito seja seu nome, que nunca consigo lembrar) inclinado sobre o meu beliche. Disse:

— Ouça, Sprus: está acontecendo algo muito grave.

Essas palavras, pronunciadas no meio do oceano, são sempre suficientes para despertar os Sete Adormecidos de Éfeso. Subitamente, meu corpo esvaziou-se de sono; olhei atentíssimo para o agregado comercial.

— Que foi?

— Não diga nada, mas...

— Não...

— O senhor sabe que nós nos encontramos sobre uma das fossas submarinas mais profundas do Pacífico...

— Sim, dez mil metros...

— Bom, parece que fomos pegos pelo raio vetor de um rodamoinho d'água, de cem quilômetros de diâmetro...

— Um rodamoinho?...

— Semelhante ao que se forma na superfície da água de uma banheira quando está se esvaziando. A única diferença é o diâmetro... Na banheira mede dez centímetros, aqui cem quilômetros.

O senhor X era calminho. Semelhante particularidade permitia-lhe que se expressasse com claridade didática. Sentado na beira do meu beliche, conjecturou:

— O mais provável é que tenha afundado um pedaço da crosta do solo oceânico sobre uma grande caverna plutônica. A água, ao revirar-se no seu interior, produziu o rodamoinho. De outro modo não se explicaria a formação de um rodamoinho de semelhante diâmetro.

— É, deve ser isso. Será que não estamos nas proximidades de uma catástrofe cósmica?

— Não, não acredito. Uma simples rachadura, nada mais. A profundidade submarina mais acentuada equivale a uma fissura de dez milímetros de profundidade traçada num raio de um metro de diâmetro.

— E nós?...

— Desde ontem à noite que o chefe de máquinas tenta dar marcha à ré para esquivar-se da corrente circulatória, mas tem sido inútil. Outros barcos estão ali, pegos como nós na maldita armadilha.

Vesti-me apressadamente. O céu da manhã resplandecia com grandes caracóis de estanho rosado nas alturas celestiais. No horizonte, cruzando com o olhar extensas planícies de água ensolarada, distinguiam-se outros navios, cuja posição em relação à nossa mantinha-se inalterável, pois eram arrastados circularmente na mesma velocidade que nossa nave. Os mastros, tristemente inclinados sobre os cascos negros, movendo-se paralelamente a outros cascos e outros mastros, compunham o cenário de um carrossel gigantesco e insignificante.

O senhor X, com a viseira do boné enfiada até a ponta do nariz, observou-me:

— Observe que a superfície da água mudou. Em vez de estar rugosa, parece agora uma tampa de alumínio girando sobre seu eixo...

A comparação era precisa. O navio estava embutido, por assim dizer, num imenso disco de alumínio que girava aparentemente com uma velocidade periférica de trinta milhas por hora. A cada dez horas, dávamos uma volta de rodamoinho completa, que nos aproximava mais de seu centro.

— Parece que desta vez fomos pegos — disse novamente o senhor X. Vou ver se vejo algo.

Eu não sou homem suscetível de experimentar um apetite extraordinário quando se trata de postar-se diante da morte. Na verdade, estava suficientemente surpreendido para assustar-me, mas não ainda suficientemente assustado para perder o sentido da curiosidade que algum dia me arrastará para minha definitiva perdição.

Num navio, a agência de novidades é a janelinha da estação radiotelegráfica. Ali se tecem fofocas, comentam-se as sub-reptícias aventuras noturnas, mas quando eu me aproximei, observei que os oficiais não desejavam conversar. Com o rosto grave, inclinavam-se sobre o operador de plantão que fazia a alavanca do aparelho telegráfico repicar. A essa hora da manhã todos os jornais do mundo recebiam a informação do silencioso drama que vivíamos. Às três da tarde, o drama começou a transformar-se em tragédia. Um tripulante de cor descobriu nas rodinhas dos oficiais a gravíssima novidade. Dando gritos de horror, jogou-se nas águas, e já não foi possível manter o segredo. O cadáver do negro, colhido pelo mesmo turbilhão, seguia a estibordo da nave, como se uma mão invisível o sustentasse por cima das águas. Com repugnância, as pessoas afastaram-se daquele lado, passando a bombordo.

Ao anoitecer, o espanto da tripulação aumentou. Do horizonte, a invisível caverna submarina rugia com o estertor de um moribundo. Em cada convés, os passageiros formavam rodinhas de sombras que gesticulavam alarmadas. No entanto, as águas mantinham-se tranqüilas e o céu estrelado. O rodamoinho, compacto em sua massa de água, girava como o seguro volante de um motor que começa a funcionar.

A lua apareceu, e era um espetáculo surpreendente esta planície transformada numa tersa roda de prata, cujo polimento refletia a claridade lunar sobre a nossa nave como o refletor de um foco voltaico. Víamos nossos rostos, inundados por grandes sombras, como se estivéssemos vivendo num continente lunar.

Às três da manhã, um comunicado lançado pelo *Red Horse* informava:

"O capitão do *Red Horse*, mister Henry Topman, suicidou-se com um tiro no seu camarote."

No nosso navio as coisas não andavam melhor. A disciplina da tripulação quebrara-se totalmente. Nenhum dos homens encontrava-se no seu posto, salvo os radiotelegrafistas. Na terceira classe, os passageiros que não jaziam nos seus beliches esgotados pelo terror tinham se embriagado, entregando-se a todo gênero de excessos. Um grupo de árabes esfaqueou um grupo de judeus; um passageiro, que se enfiou na casa de máquinas e descarregou seu revólver sobre os manômetros da máquina a vapor, foi morto com um tiro pelo segundo maquinista.

Annie, agarrada no meu braço, não se afastava um só instante de mim. Os cachos da sua cabeleira negra emolduravam seu rosto pálido, de grandes olhos dilatados pelo espanto. Eu não sabia a que palavras apelar para consolá-la. Sentados um de frente para o outro numa mesa de canto no refeitório dourado, olhávamo-nos possuídos pela mais extrema fadiga.

Em terra, a essa mesma hora, os jornais comentavam nossa situação nos tons mais dramáticos. A agência Argus descrevia para duzentos e quinze jornais da Europa e da América nossa situação nestes termos:

"As tripulações abandonaram suas tarefas habituais e vagam enlouquecidas pelos conveses. Duzentas mulheres e quinhentos homens encontram-se, no atual momento, apoiados nas bordas das naves, olhando com olhos dilatados pelo espanto os concêntricos círculos de água prateada que os aproximam cada vez mais do centro oco do turbilhão. As caldeiras de todos os navios foram apagadas; muitos passageiros, atemorizados, trancaram-se nos seus camarotes; não se sabe se essas pessoas estão vivas ou se se mataram com as próprias mãos.

"É evidente que se produziu uma catástrofe suboceânica, de conseqüências incalculáveis para a economia do planeta no presente momento. O eixo do rodamoinho encontra-se na parte do Pacífico tida como a mais profunda. É provável que a crosta submarina tenha desmoronado sobre uma caverna gigantesca, cuja capacidade é incalculável por enquanto. O astrônomo Delanot associa este fenômeno ao das grandes manchas solares em atividade, embora, como todos os diretores de observatório, esteja espantado, pois os sismógrafos não registraram nenhum movimento sísmico, cujo epicentro corresponda à paragem de que nos ocupamos."

Às quatro da manhã, o telegrafista Reignert transmitia:

"Junto com nossos companheiros, nós nos comprometemos a transmitir até o último momento os horrores desta catástrofe única na história da navegação mundial. O segundo de bordo, Jenkins, perdeu toda esperança de salvação. O capitão sofreu um gravíssimo ataque cardíaco, o que o impossibilita de comandar o navio.

"Os fatos mais importantes ocorridos são: na luta que houve entre árabes e judeus, resultaram mortos quatro judeus e feridos de suma gravidade, dois árabes. O senhor Ralph, comerciante da ilha de Aoba, depois de tentar se enforcar, matou sua mulher e jogou-se nas águas. Esta noite não funcionou o serviço de quarto e nem o de cozinha. Neste mesmo momento acabam de informar-me que o mordomo foi achado no seu camarote com a garganta seccionada com sua própria navalha de barbear. Dois marinheiros, um irlandês e um americano, lutaram armados de machados. O americano morreu e o irlandês está trancado numa escotilha da proa, negando-se a sair por temor às represálias que a tripulação possa adotar contra ele."

A nave parecia ter se transformado num asilo de dementes. O fraudador, que lia a *Bíblia* para amadurecer seus planos, associou-se à senhora escocesa das sardas, e no centro do refeitório estabeleceram um serviço religioso permanente. Mais adiante, junto da popa, o árabe rico, a quem eu atribuía as desgraças que choviam sobre nosso navio, invocava a proteção de Sidhi Mahomet.

O fraudador e a senhora escocesa liam, alternando-se, versículos da *Bíblia*, enquanto um coro de senhoras desgrenhadas e chorosas, e viajantes enxutos e crianças espantadas formavam um círculo ao redor deles. Annie, apesar da sua química industrial, acabou por abandonar-me e a somar-se a essas pessoas que rezavam inesgotavelmente. Eu, às quatro da manhã, refugiei-me no gabinete do médico para dar conta dos frascos de "Veneno". O senhor X, sempre com seu boné absurdo, fazia tertúlia ali com o pintor mexicano, que estava indecentemente bêbado, e o médico canadense. O médico, lembrando seus estudos, sugeria, a título de consolo:

— Quando o navio chegar no centro do rodamoinho, o vácuo o engolirá como uma palha. Nós deslizaremos a uma velocidade fantástica ao longo de um funil cristalino que irá obscurecendo-se até que o tremendo choque nos despedace no fundo da caverna.

O senhor X, recordando também seus estudos universitários, opunha a essa tese esta outra hipótese:

— Assim que chegarmos ao centro do rodamoinho, tropeçaremos com uma corrente de ar vertical, indo para cima, quer dizer que nós cairemos ao longo de um tubo de vácuo, que em poucos segundos de descida terá nos asfixiado.

É curioso. Eu, que um dia antes pensava em ligar meu destino à voluptuosa Annie, não me lembrava dela agora. Quando passava pelo refeitório e via-a lendo na *Bíblia* o *Livro de Jonas*, entre a escocesa sardenta e o lacrimoso fraudador, pensava que o espetáculo que essa gente oferecia era francamente ridículo. O árabe rico, prostrado em direção a Meca, fazendo suas orações, também não me divertia mais.

Além disso, por onde se colocasse o pé, tropeçava-se com montões de lixo. No "fumoir" da primeira classe, encabeçados pelo segundo oficial, os foguistas, com os maquinistas, haviam organizado um Conselho de Urgência. Falavam muito, bebiam uísque, cada um por quatro, e a nossa possível salvação daquela armadilha não aparecia por lugar nenhum. Nunca vou me esquecer de um ruivo, vendedor de motores elétricos no Cantão. Havia despedaçado a porta de um camarote; a cada quinze minutos jogava um pedaço de tábua nas águas e, apoiado na borda, ficava olhando como o pedaço de madeira acompanhava o navio na sua corrida circular. Outro, no refeitório, imobilizado como um sonâmbulo diante de uma bússula de bolso, seguia com olhos de alienado o lento rodar da agulha magnética. Uma mulher, descabelada como uma fúria, com o vestido rasgado sobre o peito, permaneceu oito horas aferrada a um mastro, o olhar fixo naquele redondo espelho de prata, polido pela claridade leitosa do amanhecer. Em seguida, despencou. Estava morta.

Sobreveio um amanhecer vermelho. O fraudador, Annie e a senhora escocesa continuavam no refeitório lendo os versículos do *Livro de Jonas*, que foi salvo por Jeová do interior do ventre de uma baleia. De repente o árabe, que não acreditava em Jonas, enfiou a mão entre as dobras da sua chilaba, sacou uma pistola automática e estourou os miolos.

E de repente, na vermelhidão desta aurora mortal, carregada de vapores frios, o gongo começou a soar furiosamente e apareceu um oficial radiotelegrafista, gritando:

— Estamos salvos..., estamos salvos... Os hidroaviões vêm para nos salvar.

Dos confins partiam ruídos de sirene. O mar estava repleto de colunas de sons. Salvos, salvos! Eu comecei a chorar como uma criança. E abraçando o fraudador, a senhora escocesa e Annie, comecei a gritar não sei que coisas.

Desta vez uma rajada de loucura cruzou o navio. As pessoas abraçavam-se, gritavam, cantavam. As mulheres ajoelhavam-se no tombadilho e, abraçando suas crianças recuperadas, mostravam-nas ao sol, e em seguida jogavam-nas nos braços dos oficiais radiotelegrafistas, que eram os heróis da jornada. Enquanto isso, as sirenes soavam cada vez mais estrepitosas. De todos os lados brotavam homens barbudos, com olheiras, com garrafas. Organizou-se uma manifestação de homens, mulheres e crianças que levavam os radiotelegrafistas sobre os ombros. Bebia-se; houve cantoria. Dentro de algumas horas abandonaríamos a nave; cada qual devia levar exclusivamente seus valores em metálico e documentos, mas ninguém lamentava os bens terrestres perdidos. Em cada corredor, diante de cada camarote, havia um tumulto de pessoas com copos nas mãos que ofereciam champanhe, e à medida que aumentava a alegria de se salvar, o ruído humano aumentava, e embora as sirenes ensurdecessem, os agudos que as gargantas lançavam eram mais raivosos e ululantes. Annie, que até uma hora atrás lia a *Bíblia*, quando voltou a reencontrar-me no corredor, tomou-me entre seus braços. As lágrimas corriam pelas suas faces, mas sorria tão maravilhosamente, que eu só consegui apertar-me nela com mais violência. Um vento surdo empurrava-nos através dos corredores; quando entramos no refeitório, desmaiou em meus braços. Depois, nos beijamos, mais avidamente que nunca. Aquela era uma espécie de loucura, à qual pôs fim o zumbido grave da esquadrilha de aviões prateados. E então saímos... Tínhamos que voltar novamente a terra...

E apesar de estar salvo, naquele minuto me senti triste.

(*El Hogar*, 22/1/1937)

PROIBIDO SER ADIVINHO NESSE BARCO

Pierre III deslizava a todo vapor diante do estreito de Gibraltar, quando mister Gloute, a quem imaginávamos esquecido em algum bar de Tanger, completamente bêbado, fez-se presente com a agilidade de um jovenzinho. Juntando-se à roda de vime que formavam as dez cadeiras pertencentes a dezena de passageiros que constituíamos a tripulação daquele navio de carga rumo a Djibuti, informou-nos:

— Acabo de descobrir algo grave!

Miss Etelvina, que estava desprendendo-se trabalhosamente do apaixonado Ab-el-Korda, sobrinho de um emir de Damasco, exclamou:

— De que se trata, mister Gloute?

Mister Gloute, gargarejando um inglês tão pesado como o pegajoso Ab-el Korda, retrucou:

— Descobri que este barco não só trocou de dono, o que não tem importância, mas também que lhe trocaram o nome. E barco que troca de nome está condenado à desgraça.

— E por que não ia trocar de nome? — retrucou miss Etelvina, que já subconscientemente se sentia pesarosa de haver dado corda ao sombrio Ab-el-Korda.

— Por quê? — Mister Gloute havia sido poeta eglógico em sua juventude. — Por quê? Porque um barco que troca de nome concita contra si a cólera de todas as forças plutônicas (ninguém entendeu isso de plutônicas). Estamos fritos (isto sim entenderam todos), estamos bem fritos.

O senhor Parodi, um milionário peruano que viajava com sua esposa e três irmãs de sua esposa, o que fazia murmurar os maledicentes, tratou de esclarecer a questão:

— O que é que o senhor entende, mister Gloute, por estar fritos?

— Por estar fritos? O que entendo? Pois entendo, senhor Parodi, que vocês, eu e todos os passageiros deste navio, se o pressentimento não me engana, seremos vítimas de terríveis acontecimentos durante esta viagem.

O senhor Parodi era um pouco desdenhoso, porque sabia lutar boxe.

— Então por que embarcou neste navio, cavalheiro?

Mister Gloute, irritado pelo tom desagradável de "cavalheiro", retrucou:

— Não tenho como costume discutir meus pressentimentos. — Dito isso, começou a encher seu cachimbo.

A situação era um pouco delicada. O senhor Parodi olhava para mim, que era amigo de Gloute, e para Gloute, como se tivesse intenções de convidar-nos para pegar-nos com ele; mas sua esposa e as três irmãs de sua esposa chamaram-no de lado, e os cinco, dignamente, afastaram-se da roda, enquanto Gloute, em voz alta, continuou:

— Também acabo de descobrir algo mais impressionante ainda. (Nesse mesmo momento Ab-el-Korda sentou-se junto de miss Etelvina).

— O que é?

— A tripulação está composta por um bando de facínoras. Ei, você — disse, dirigindo-se ao garçom, que deixava do seu lado uma garrafa de uísque —, o que você fazia antes de embarcar?

— Era sapateiro.

— E nunca tinha navegado antes?

— Não senhor.

O garçom se afastou, e Gloute, presa de um desesperado pessimismo, prosseguiu:

— Vocês estão vendo? Qualquer dia em que o mar esteja um pouco agitado, este foragido enjoa e nos coloca na miséria.

Duas senhoras anciãs, a quem o léxico de Gloute horrorizava, levantaram-se; mas Gloute, dirigindo-se a mim, ao patife de Ab-el-Korda e a miss Etelvina, continuou historiando-nos o passado da tripulação.

— O camareiro era agulheiro na estrada de ferro do Norte, mas foi expulso por embriagar-se; o maître foi escolhido para esse cargo porque suspeita-se que é um salteador regenerado, e só um salteador podia fazer-se respeitar por semelhantes bandoleiros...

— Mas por que escolheram essas pessoas? — retrucou alarmada a senhora do pastor metodista que ia exonerado a Djibuti.

— Por quê? Pois porque a empresa do navio está quase

quebrando e em conflito com a associação de trabalhadores marítimos.

— E o senhor, como teve coragem de embarcar neste navio?

Gloute suspirou profundamente e, em seguida, respondeu:

— Ganhei a passagem, senhora. Que outra coisa podia fazer?

Miss Etelvina estava beijando-se freneticamente com Lucas Delfort, telegrafista do endiabrado *Pierre III*, no próprio camarote do galã (miss Etelvina, desde que cumprira trinta anos, era resoluta partidária da marinha). Bateram nove da noite. Ab-el-Korda, sobriamente sentado ao meu lado, pensava nos desvios de miss Etelvina. Mister Gloute, do meu outro lado, sorvia seu quarto uísque. Os golfinhos dançavam sobre as águas.

O reverendo Rosemberg, pastor metodista, e sua esposa contemplavam a lua, quando o reverendo, sem articular palavra, colocou-se de pé, esticou o braço e em seguida caiu atônito em sua poltrona. Todos viramos a cabeça para olhar na direção que seu trêmulo dedo apontava, e lançamos um grito:

Um turbilhão de faíscas e de fumaça escapava do camarote do pastor Rosemberg.

— Fogo! Fogo! — gritamos todos. Correndo nos dirigimos à procura do capitão.

Aos nossos gritos, a cáfila de aventureiros que estavam retirando a mesa do chá no refeitório lançaram-se para fora; as duas anciãs que à tarde haviam se indignado com as palavras do senhor Gloute optaram agora por desmaiar; o reverendo Rosemberg (parece mentira num reverendo) sacou um revólver e começou a descarregar tiros para o ar; o sinistro Ab-el-Korda puxou o queixo, buscando um ausente fio de barba, e disse: "Estava escrito", e, finalmente, miss Etelvina, ruborizada e comovida, apareceu no corredor, seguida pelo telegrafista, aceso como o próprio incêndio. Mas ninguém fazia nada para apagar o fogo, que escapava em rolos de faíscas e fumaça pela clarabóia do camarote até que um grumete, acho que era o único e autêntico homem de mar a bordo, segurou uma mangueira, fez girar a chave do cano de água e começou a inundar o camarote do reverendo. A esposa do pastor, totalmente aniquilada, permanecia na sua poltrona, como se o céu tivesse caído sobre sua cabeça. E nesse mesmo momento, mister Gloute, colocando-se de pé, disse, enfático e cavernoso como um adivinho:

— Isto não é nada comparado com o que vai acontecer.

— Os senhor deixe de alarmar os passageiros ou o tranco num calabouço! — rugiu o capitão, que agora, em companhia do grumete, esgrimia uma mangueira, com a qual acabava de destruir a precária bagagem dos Rosemberg; e mister Gloute, compreendendo que o capitão era um brutamontes descomunal, não replicou uma palavra. Mas desde esse momento podia-se vê-lo passear pelo navio com aspecto afetado, e se alguém queria arrancar-lhe conjecturas com relação ao futuro da nave, nosso beberrão respondia:

— Proibido ser adivinho neste barco.

Mas estava visto que ele tinha pinta de adivinho, e de um adivinho dos bons, e que o nosso era um barco endemoniado. Duas noites depois do camarote do pastor Rosemberg ter se incendiado, enquanto conversávamos em roda com a senhora Rosemberg e tratávamos de consolá-la de suas perdas (uma saída de banho, três pijamas, duas bíblias e alguns retratos de família), a senhorita Herder, uma feminista sueca, hasteando seus magros e sardentos braços, apareceu correndo e gritando:

— A bagagem. Roubaram minha bagagem.

Todos afastamos os olhos de miss Herder para olhar mister Gloute, que, cerimoniosamente, exclamou:

— Proibido ser adivinho neste barco.

Em massa fomos ver o capitão. A coisa era séria. O capitão escutou nossas reclamações com ar sombrio (evidentemente, ele também estava impressionado), e em seguida, em bando, dirigimo-nos ao camarote de miss Herder. Tudo ali estava em perfeita ordem; a única coisa que faltava eram duas malas de couro e uma valise de mão. Na valise de mão miss Herder trazia os originais de um romance, e seu desespero era tão vasto (a pobre ficava só com a roupa do corpo), que o capitão dispôs imediatamente a vistoria de todo o navio. A vistoria começou às dez e quarenta da noite e terminou às cinco e meia da manhã, hora em que com satisfação de todo mundo, e particularmente com a do rubicundo mister Gloute, o capitão declarou:

— Isto é inexplicável. As malas de miss Herder parecem ter evaporado.

Tinham evaporado. Ora se tinham evaporado! As mulheres do navio resolveram fazer uma coleta de roupas de uso íntimo, que generosamente entregaram para a lacrimosa feminista, e houve um momento em que miss Herder pareceu disposta a suicidar-se, mas o sinistro Ab-el-Korda dedicou-se a consolá-la em nome da coletividade muçulmana esparramada sobre o planeta, e miss Herder não se suicidou.

É escusado dizer que mister Gloute delirava de alegria. Eu o ouvi dizer, num momento de grande satisfação espiritual:

— Isto não é nada comparado com o que vai acontecer!

Atemorizado, interroguei-o:

— O senhor acredita que vai acontecer mais alguma coisa?

— Sim.

Mal acabava de pronunciar essas palavras, quando o heróico grumete, que tão denodadamente se bateu com as cortinas inflamadas do camarote dos Rosemberg, aproximou-se de nós misteriosamente. "O capitão queria falar com mister Gloute." Depois Gloute me contou que o capitão lhe pedira que não alarmasse a tripulação com suas profecias, embora depois o capitão contou a todos nós que ele já havia prevenido mister Gloute que lhe arrebentaria se não calasse a boca e deixassse de augurar desgraças.

Mas as profecias de mister Gloute tinham se tornado tão públicas, que agora os passageiros estavam completamente sobreexcitados, a tal ponto que, porque um garçom (o sapateiro redimido do banquinho de remendão) deixou cair uma bandeja no refeitório, uma senhorita, a terceira irmã da mulher do cavalheiro peruano, lançou-se a berrar histericamente. Era esta senhorita uma dama já de certa idade, de penteado simples e aspecto severo, espetada de alfinetes da ponta dos pés até o pescoço. Inutilmente crivava Ab-el-Korda com olhares incendiários, mas o excelente muçulmano, esquecido de miss Etelvina, que parecia estar disposta a decifrar todos os segredos do código Morse no camarote do radiotelegrafista, dedicava-se empenhadamente a miss Herder, cujas defesas eram mais fracas à medida que passavam os dias. Alguns maliciosos arguiam que miss Herder, nessa viagem, não só havia perdido a bagagem, mas também a tranqüilidade.

E de repente o estampido de uma batida sacudiu a lateral da nave. O barco começou a girar sobre si mesmo; todos empalidecemos e ninguém desmaiou. Algo gravíssimo acabava de ocorrer.

Primeiro supusemos que o navio havia tocado algum penhasco submarino; em seguida um marinheiro explicou:

— O eixo do timão quebrou.

Respiramos. Nada imediatamente mortal. Mister Gloute exclamou, rodeado por um grupo de passageiros que agora o olhavam, completamente atônitos por sua clarevidência:

— Isto não é nada comparado com...

Nunca na minha vida vi alguém subministrar tão magnífico soco. Mister Gloute caiu no assoalho de madeira lançando jorros de sangue pelo nariz. O que acabava de confirmar seus presságios era o irritado capitão.

— Tranquem esse canalha no calabouço.

Entre o grumete e o sapateiro, transformado em garçom, levaram mister Gloute, e todos começamos a berrar contra o capitão, pois este, plantando-se diante de nós, rugiu:

— Não tolerarei que ninguém alarme a tripulação! A ruptura do timão será consertada em poucas horas. É um acidente sem importância. Mas eu não posso permitir que um irresponsável, entupido de uísque, aterrorize indefesas senhoras.

Mas já era tarde. As "indefesas senhoras" estavam aterrorizadas. Além disso, não era segredo para ninguém que a ruptura do timão não era um acidente sem importância. As irmãs do milionário peruano refugiaram-se em seus camarotes "para rezar", segundo disseram; Ab-el-Korda sacou seu *Corão* e se pôs a meditar nas aparências que revestiria o anjo da morte quando aparecesse para ele; a senhora Etelvina, que estava completamente submersa nos mistérios da radiotelegrafia, apareceu entre nós como se caísse da lua (a lua era o código Morse); miss Herder me deu a impressão de que estava disposta a converter-se ao islamismo, porque lia o *Corão* com Ab-el-Korda, e os ajudantes do refeitório, o agulheiro, o ex-salteador e o garçom redimido pareciam dispostos a nos degolar assim, de chofre, excitados pelo mistério que descarregava uma desgraça atrás da outra sobre o infeliz navio.

Mister Gloute, trancado no calabouço, e com quem pude falar através das grades da porta de ferro, recomendou-me que colocasse o salva-vidas, porque agora o pressentimento indicava-lhe que estávamos muito próximos de um naufrágio, e eu, imediatamente, comuniquei este segredo a minhas companheiras e companheiros de viagem; e em menos tempo do que demorou para contar, todos nos lançamos para nossos camarotes e enfiamos no pescoço os salva-vidas. Mas ao entardecer prevaleceu o bom senso e nos tranqüilizamos.

No entanto, poucas horas antes de chegar a Djibuti, depois que o timão foi consertado, fomos testemunhas do mais extraordinário espetáculo que poderíamos imaginar.

Num corredor do *Pierre III* pudemos ver a terceira irmã da mulher do cavalheiro peruano lutando no muque com o capitão. A solteirona esgrimia uma tesoura, e o capitão, aos gritos, chamou-nos:

— Venham. Vejam. Acabo de surpreendê-la cortando um cabo elétrico com a tesoura.

O fato era inegável. A senhorita Ordóñez mostrava as mãos protegidas por luvas de borracha, dessas que se empregam para proteger a epiderme nos trabalhos domésticos, e perto dela pendia um cabo cortado.

— Ela é que jogou na água as malas da senhorita Herder e que incendiou o camarote do pastor Rosemberg — prosseguiu o capitão.

A maligna solteirona não negou. Ficou olhando para todos nós desafiante, e quando seu cunhado, o cavalheiro peruano avançando entre a tripulação indignado, perguntou-lhe:

— Ismaelita, por que fez isso?

Ela respondeu muito serenamente:

— Queria dar fama de adivinho ao senhor Gloute. Você não acha que valia a pena?

(*Mundo Argentino*, 27/9/1939)

CRONOLOGIA

1900 - Roberto Godofredo Christophersen Arlt, filho de Karl Arlt (nascido em Posen, hoje Polônia) e Ekatherine Iobstraibitzer (de Trieste), nasce em Buenos Aires no dia 26 de abril (em algumas autobiografias ele diz ter nascido no dia 7 de abril). Roberto Arlt é o menor de três filhos: a mais velha chama-se Luisa e a segunda morre com um ano e meio de idade.

1905 - A família instala-se no bairro de Flores, onde transcorre a infância e a adolescência de Arlt.

1909 - Cursa a escola primária só até o terceiro ano.

1912 - Ingressa na Escola de Mecânica da Armada, onde só permanece alguns meses.

1912/1915 - Colabora em jornais de Flores e tem diversos tipos de trabalho: balconista de livraria, aprendiz de relojoeiro, mecânico, entre outros.

1916 - Deixa a casa paterna.

1917 - A *Revista Popular*, dirigida por Juan José de Soiza Reilly, publica o primeiro conto de Arlt, "Jehová".

1920 - Aparece em *Tribuna Livre* — folhetim semanal — "Las ciencias ocultas en la ciudad de Buenos Aires".

1921 - Cumpre serviço militar em Córdoba. Provável aparecimento em uma revista cordobesa de um pequeno romance intitulado *Diario de un morfinómano* (há referências a esta obra mas ainda não se encontrou um exemplar.)

1922 - Casamento com Carmen Antinucci.

1923 - Nasce sua filha Mirta.

1924 - Volta para Buenos Aires, com sua mulher e sua filha. Termina de escrever *La vida puerca,* título original de *El juguete rabioso.* Primeiras tentativas de edição do romance.

1925 - A revista *Proa* publica dois fragmentos de *El juguete rabioso*: "*El Rengo*" e "*El poeta parroquial*". É amigo de escritores dos grupos literários Boedo e Florida. Os de Boedo consideram que a arte e a cultura têm uma função social e adotam a narrativa como gênero, enquanto os de Florida as encaram sob o ponto de vista estético e adotam a poesia como gênero.

1926 - A Editora Latina publica *El juguete rabioso.* Começa a colaborar na revista humorística *Don Goyo,* dirigida por Conrado Nalé Roxlo, e publica o conto *"El gato cocido"* em *Mundo Argentino* (revista). É secretário do escritor Ricardo Güiraldes (*Don Segundo Sombra*) por algum tempo.

1927 - Trabalha no jornal *Crítica* como cronista policial.

1928 - Começa a trabalhar no jornal *El Mundo*, onde aparecem alguns de seus contos como "El insolente jorobadito" e "Pequenos proprietários" e a série de crônicas sobre a cidade de Buenos Aires e seus personagens, intituladas *Aguafuertes Porteñas*. A revista *Pulso* publica "La sociedad secreta", um fragmento de *Los siete locos*.

1929 - Publicação de *Los siete locos*, pela Editora Claridad.

1930 - *Los siete locos* recebe o Terceiro Prêmio Municipal de Literatura. Viaja ao Uruguai e ao Brasil. A revista *Argentina* publica "S.O.S", um fragmento de *Los monstruos* (título original de *Los lanzallamas*).

1931 - O romance *Los lanzallamas* é publicado pela Editora Claridad.

1932 - Em junho estréia sua peça *300 millones*, no Teatro del Pueblo. Publica seu último romance, *El amor brujo* (Editora Victoria, Colección Actualidad).

1933 - Aparece a primeira compilação de *Aguafuertes porteñas* (Ed. Victoria) e a seleção de contos *El jorobadito* (Ed. Anaconda). Em *Mundo Argentino* publica os relatos "Estoy cargada de muerte" e "El gran Guillermito".

1934 - O jornal *La Nación* publica duas "burlerias" de Arlt: "La juerga de los polichinelas" e "Un hombre sensible". A *Gaceta de Buenos Aires* publica um esboço de sua peça *Saverio el cruel*.

1935 - Viaja para Espanha e o norte da África como correspondente do *El Mundo*. Escreve as *Aguafuertes españolas*.

1936 - Estréiam suas peças teatrais *Saverio el cruel* (4/9, no Teatro del Pueblo) e *El fabricante de fantasmas* (8/10, pela Cia. Perelli de la Vega).

1937 - Estréia sua "burleria" *La isla desierta* (30/12, no Teatro del Pueblo). A revista *El Hogar* publica o conto *"S.O.S! Longitud 145°30' Latitud 29°15'"* (22/1).

1938 - Estréia, em março, também no Teatro del Pueblo, a peça *Africa*. Publicação de sua peça teatral *Separación feroz* (El Litoral).

1939 - Estréia de *La fiesta del hierro* (teatro). Viaja para o Chile. Morre sua esposa Carmen Antinucci. Continua a escrever no jornal *El Mundo* as famosas *Aguafuertes porteñas*. Escreve na revista *Mundo Argentino* o conto *"Prohibido ser adivino en ese barco"* (27/9).

1941 - Casa-se com Elizabeth Shine. *Un viaje terrible* aparece na revista *Nuestra Novela* (11/7), e a editora chilena Zig Zag inclui na sua coleção *Aventuras* o conjunto de contos com temas africanos, *El criador de gorilas*.

1942 - Continua publicando contos nas revistas *El Hogar* e *Mundo Argentino*. Obtém a patente do sistema de meias emborrachadas e indestrutíveis, segundo ele. Termina de escrever a farsa *El desierto entra a la ciudad*. Morre em 26 de julho, vítima de infarte múltiplo, sem conhecer seu segundo filho, Roberto, que nasceria três meses depois. É cremado — estava ligado à *Asociación Crematoria* — e suas cinzas são espalhadas na região do Tigre, delta do rio Paraná.

DESTE AUTOR
NESTA EDITORA

AS FERAS

Tradução
Sérgio Molina

Apresentação
Ricardo Piglia

Este livro terminou
de ser impresso no dia
05 de novembro de 1999
nas oficinas do
Centro de Estudos Vida e
Consciência Editora Ltda.,
em São Paulo, São Paulo.